外国語学習に潜む意識と無意識

開拓社
言語・文化選書
77

外国語学習に潜む意識と無意識

福田純也 著

開拓社

は じ め に

「赤ちゃんは，ことばを学ぶ時に文法の規則なんか意識してない じゃないですか。」——私がまだ大学院生の頃，名古屋の繁華街を歩 いているときに，某英会話学校の営業の方は，そう私に語りかけま した。みなさんも，このようなセリフを聞いたことはないでしょう か。私の経験上，こういった文言の後には，英語学習の本や英会話 学校の宣伝では「赤ちゃんがことばを学ぶように外国語を学習する メソッドでペラペラ」といったような文句が続くことが多いように 思います。同様に，「文法なんかいちいち考えていたら，いっこう にしゃべれるようにならない」，また逆に，「しっかり文法規則を覚 え，意識せずにもことばが口をついて出てくるようになるまで反復 練習しなきゃダメだ」といったさまざまな外国語学習論が，実にい ろいろなところで飛び交っています。実は，本書を読み進めて頂け ばわかりますが，「聞き流すだけでことばが口をついて出てくる」 とか，「苦労ゼロの英会話学習方法」とか，「英語はトレーニングだ」 というような売り文句にも，その裏には「意識」の役割に対する 人々の考えが詰まっています。

　ただ，「意識」という，これほど私たちが日常的に使っていて， かつ掴みどころのない言葉はないでしょう。「うわ，全然意識して なかった」，「意識飛んでた」，「プロ意識」といったように，私たち は普段からこの言葉を「無意識に」使っています。近年だと，「意 識高い系」などという言葉も生まれ，若者たちの間では日常語とし て使われています。ですが，ひとたびこの「意識」とは何か，と尋 ねられると，そう簡単には答えられないものです。

　実は，その「とらえどころのない雰囲気」は，学術界でも——少な

くとも私が専門としている分野では——状況はあまり変りません。たとえば，私が「第二言語習得[1]における意識や注意の役割を研究しています」と言うと，ふだんは私からみても難解な研究をされている研究者の先生方にも，「難しいことやってるねぇ」などと言われることがしばしばあります。また私が尊敬しているある先生が，「昔は興味があったんだけど，よくわからなくなってやめちゃった」と仰っているのも聞いたことがあります。ちなみに，「意識」は英語の consciousness の訳語ですが，本書が「アウェアネス」と表記する awareness も，まれに「意識」と訳されたり「覚醒」とか「気づき」と訳されたりもします。ちなみに「覚醒」には arousal という対応語もあり，「気づき」は英語で noticing という術語が当てられることもあります。このように，研究の世界でも，どの語がどの概念を表しているかという初歩的な段階から，まさに混沌とした状況にあります。

　そんな私の研究室のように散逸した状態のこの「意識の働き」という研究テーマではありますが，外国語学習の文脈では，最初に記したようにこれまでにも実は多くの人が興味を持ってきたテーマです。私は，上述したような世の中でまことしやかに流れている外国語にまつわるウワサが本当に正しいのかどうか明らかにし，そして外国語を学習するというのはどういうことなのかを考えることに，

---

[1] 学術用語としては，「第二言語」(second language) は，英語圏への移民や留学生のように，教室の外でも英語を使用する必要のある環境での言語使用を指し，「外国語 (foreign language)」は日本の英語教育のように，教室の中だけで目標となる言語に触れる機会のある環境での言語使用を指します。本書では，より日本で受容されていると思われる「外国語」をタイトルにしています。どちらを使っても内容はあまり変わらないと私が判断した場合は，特に記さない限り外国語という言葉を用います。ただし，「第二言語習得」という研究分野を指すときは，このように「第二言語」という言葉を使うことにします。

はじめに　vii

学生のころ強く興味を惹かれ，気が付いたら泥沼の混沌にはまっていました。その泥沼でジタバタした一つの結果が本書といえます。

　本書の目的は大きく分けて二つあります。一つは，第二言語習得研究で調査が進んでいる「外国語学習における意識の役割」を解説し，研究ではなにがわかっていて，なにがわかっていないかを整理することです。そうすれば，「世の中で流れているウワサ」に，どれほどの裏づけがあるのかをある程度判断できるようになるでしょうし，外国語を学習するにあたって示唆的な観点が多少なりとも示せるはずです。その際に，長い間さまざまな観点で語られてきた「意識」というものをできる限り分かりやすく俯瞰し，外国語学習と意識にまつわるお話につなげることを試みました。また残念ながら日本でこの「外国語学習と意識」の分野の研究をしている人はあまり多くないように思うのですが，その原因のひとつは，上記したような混沌とした状況にあると考えられます。副次的な目的ではありますが，その入り口を整えて入りやすくなれば，この分野の，日本という文脈に即した研究の発展にも寄与できるかもしれないとも思っています。また，意識の研究というのは，心理学や言語学，さらに哲学などが三つ巴に入り混じった分野であって，知的好奇心を大いに掻き立てられる分野といえます。もちろん実際にどの程度知的好奇心を掻き立てられたかは，執筆の腕に依存するでしょうから，本書をお読みいただいた上で読者の意見を仰ぎたいと思います。

　もう一つは，「意識」という観点を通して外国語の学習をみていくことで，「外国語を学ぶとはどのようなことか」という点を考察することです。たとえば教育として外国語をどのように位置づけ，何を目指してどのように行うのかと議論する際に，そもそも外国語の学習とは本質的にどのようなものなのかという問いが全くの無関係ではありえません。外国語を学ぶということは，第一言語を学ぶ

のとは何が違い，何が共通しているのか。また，外国語の学習は他教科の学習と何が異なるのか——そのような問いを本書では考えていきたいと思います。ただしその内容はけっして，すべての外国語教育はかくあるべしという政策の主張を行うものではありません。それは非常に多角的な側面から議論されるべき性質の問いであって，そのような目的からは本書はスコープが狭すぎるということはあらかじめ付記しておかねばなりません。しかしながら，本書でこのテーマを扱うことによって，今まで当然のように語られていたことに問題提起がなされたり，あるいは個人的主観的体験からくる信念のみに立脚して外国語学習を論じていた人にも，広い視点から外国語学習を考えるヒントを提供できたりするかもしれない，と期待しています。

さて，外国語を学ぶとはどのようなことでしょうか。これまで，外国語の学習は，（多くの場合，第一言語を通して培われた）「意味」や「概念」と，外国語の新しい「形式」を結び付けるということであると明に暗に考えられてきました。たとえば，「本」という文字を見たり，ho-n という音のつながりを聞いたりしてことばの形式的な側面を受容したときに，その指示している意味を想起できるというのは，頭の中でことばの形式と意味概念がリンクしているからであるとされます。これは単語だけではなく，語の並ぶ順序や，動詞や名詞に付く -s などをみて，その形が持っている意味を理解するのと同様のプロセスであると考えることもできます。

外国語の学習はまさにこの状態を目指す過程であると考えた場合，一つのありうる方向性としては，その形式と意味のつながりをどれだけ短期間でたくさん，つまり効率的に学ぶことができるかというモノサシによって「よい外国語学習法」を評価する，というものです。事実，外国語学習においては，単語帳や表現集を購入して，たとえば英単語に対応する日本語の単語の意味を覚え，そのの

ちに，be 動詞を前に持ってくると疑問文になるといったような「規則」を記憶し，無意識に想起できるようになるまで反復練習で刷り込むということが多かれ少なかれなされてきました。その背景には，このような外国語学習観があると言えます。

その後学術界では，このような方法で学んでも外国語で十分にコミュニケーションをとれるようにならないといった批判が起こりはじめます。そもそもコミュニケーション能力は，文法能力以外にもさまざまな能力に支えられているのだという主張が主流になりはじめたからです。外国語学習や教授法もこれらの考え方の影響を受けるのですが，影響を受けたその後の研究でこの「すでに持っている意味・概念と新しい言語の形式の結びつきを強化する効率性」が高いものが「よい外国語学習・教育」であるという考えがただちに棄却されるわけではありませんでした。そして，コミュニケーションやそれに類する活動を通じて学習を行ったほうが，形式と意味のつながりが学習されやすい（またはその運用スキルが効率的に身につきやすい）という理念が多くの研究や実践に受容されるようになり，その流れが現在まで続いているように思います。このように，コミュニケーションなどの言語運用が文法的な能力だけで成り立っているわけではないという意見に反論する人はあまりいないはずですが，少なくとも語彙・文法的な能力の習得においては，第一言語を通して学んだ意味概念に，新しく学ぶ外国語の形式を結び付けることで学習が完成するという言語観がいまだ主流であると思います。

本書では，「意識」という観点から，上記の視点で見落とされていることとはどのようなものなのか考えていきます。まず単語帳を必死に覚えたり規則を反復練習したりする古典的な学習法は概ね「意識的に覚え，無意識に使えるようになるまですり込め」という考えに立脚していると言えます。外国語学習において，その学習観は正しいと言えるでしょうか。この点に関して序章では，身近な例

を用いて，外国語学習の中にある「意識」，そしてそれに対置する「無意識」のテーマを導入します。意識的な学習と無意識的な学習によってそれぞれどのような知識が得られるかがわかれば，そのどちらかのみに全面的に依拠した学習や指導にどのような問題点があるかが徐々に明らかになるのではないかと思います。それらの問題点の具体的な考察は第 2 章以降に行います。

　また，第一言語で学んだ意味概念を第二言語の形式と結びつけていけば，外国語の学習は十分に行われるのでしょうか。この点に答えるには，言語そのものについての考察が避けられません。

　私たちは，主として自身の意識にのぼったものごとを言語として表現します。そのような意味で当然，言語と意識にのぼる内容は深く関わりをもちます。となると，使用する言語が異なった際に，意識に浮かぶ内容が異なったとしてもおかしくはありません。とすると，私たちが第一言語で学んだ意味概念と，新しく学習しようとする言語の形式が指し示す意味概念が**全く同じ**と無批判に断定するのにはいささか無理があることのように感じます。しかし一方で，その二つの意味概念が**全く異なる**とすることもできません。もしそうだとすれば，我々は翻訳という手段を通して何かを理解するということが不可能になってしまいます。では，どのような言語を使うかによって，私たちの意識内容—ひいては世界の見かた—は，異なるのでしょうか。また異なる点があるとすれば，二言語を併用する人たちは，一つの言語のみを使用する人たちと世界の認識が異なるのか。これは，外国語学習を考えるにあたっては非常に興味深い問いであり，外国語指導者にとっては究極的には避けて通れない問題です。

　これらのことを理解するには，やはりまず「意識」とはなにかということを理解しなければなりません。第一章からは，外国語学習の「意識」の役割について理解するのに必要な，「意識」に関する哲

学的な議論をみていきます。意識に関して様々な分野で，領域横断的に議論が行われています。しかし第二言語習得の従来の一般書では「意識」について多少触れていたとしても，本書ほど立ち入った隣接分野の議論を紹介しているものはほとんどないと思います。その点である程度，アカデミックな立場の人，あるいはそれを志望する人にも役立つ記述であると考えます。ただし本書は，アカデミックな立場にない人でも「じっくり読めば理解できる」ような，この一冊だけで知識が完結する記述を心がけています。

　そして第2章では，外国語・第二言語に科学的にアプローチする「第二言語習得研究」で意識がどのように扱われてきたかを概観します。第二言語習得で扱われている意識の役割に関しては，本書を執筆時における近年の議論まで，できるだけわかりやすく読者をご案内します。続く第3章では，心に対して科学的にアプローチする研究分野では，意識や無意識がどのように捉えられ，測定され，解釈されてきたかに関して触れます。この章を読み終わるころには，前述の，外国語学習を「形式と意味のつながりの効率的学習」としてみる外国語学習観に足りないものが，意識の観点から少しずつ見えてくるはずです。もちろん，外国語学習にそのような側面が一切必要ないわけではありません。ですが，外国語学習は単に記憶した規則にもとづく「記号操作」を円滑に行うようにする作業にはとどまらず，学習者自身のさまざまな経験を通して，それぞれが違った形で世界の認識の仕方を学び，それぞれの見かたで切り取って表現するといった創造的な営みを通して，意識に上る内容（認識）を徐々に変容させていく過程であることが，ここまでに示される議論から理解できるようになるはずです。そして最終章では，本書の締めくくりとして「外国語学習とはどのようなものか」を考えていきたいと思います。

　外国語学習と意識に関わる問題が知的に興味深いものであると少

しでも感じ取って頂けたでしょうか。それではいよいよ，外国語学習の中にある「意識」を探っていきましょう。

目　　次

はじめに　*v*

第1章　外国語学習に潜む意識と無意識 ………………………… *1*

1.1.　意識と外国語学習の「成否」にまつわる問題　*2*
　1.1.1.　意識した／意識してない言語学習と使用　*2*
　1.1.2.　意識に映ることばの内容　*7*
1.2.　意識をめぐる外国語学習論　*9*

第2章　意識の諸相 …………………………………………… *13*

2.1.　意識を定義するには　*14*
　2.1.1.　広い定義と狭い定義，意識の機能と内容　*15*
　2.1.2.　意識の二面性　*19*
　2.1.3.　広い定義と狭い定義の意識モデル　*21*
　2.1.4.　意識の三階層モデル　*22*
　2.1.5.　グローバルワークスペース理論　*24*
2.2.　表象　*27*
　2.2.1.　高階の思考理論　*30*
2.3.　神経科学的なアプローチ　*36*
2.4.　無意識の行動から意識を探る　*42*
2.5.　社会的観点からみた意識　*46*
2.6.　意識と身体　*49*
2.7.　フレーム問題　*54*
2.8.　コネクショニズム　*58*
2.9.　意識に関わるさまざまな概念　*67*

xiii

xiv

2.9.1. 注意とアウェアネス　*67*
2.9.2. 気づき　*74*

第3章　言語と意識 ……………………………………………… *79*

3.1. 人間の能力と言語習得　*80*
3.2. 言語が違うと世界が違って見える？　*83*
　3.2.1. 言語と認識，その類似点と相違点　*83*
　3.2.2. 第二言語での対象の区切りと数え方　*92*
　3.2.3. 認識と第二言語習得の難しさ　*96*
　3.2.4. 二言語併用による認識の創発　*96*
3.3. 明示的知識と暗示的知識　*103*
　3.3.1. 学習者が身につける知識　*103*
　3.3.2. 知識の形成にかかわる第二言語習得研究　*107*
3.4. 第二言語習得研究からみる外国語学習の特徴　*119*
3.5. 明示的知識・暗示的知識の測定と第二言語習得研究　*121*
3.6. 明示的知識と暗示的知識のインターフェース　*124*
　3.6.1. インターフェースのない立場　*125*
　3.6.2. 強いインターフェースの立場　*126*
　3.6.3. 弱いインターフェースの立場　*129*
3.7. 明示的・暗示的知識研究のもたらす示唆　*130*

第4章　意識・無意識の科学と言語習得 ………………………… *137*

4.1. 人工文法パラダイム　*138*
　4.1.1. 人工文法パラダイムの概要　*138*
　4.1.2. 意識的・無意識的知識と明示的・暗示的知識研究の食い違い　*144*
4.2. 「アウェアネスのない学習」論争　*149*
　4.2.1. 無意識的学習の成否を巡って　*149*
　4.2.2. 半人工言語パラダイムによる検証　*152*
　4.2.3. 数々の追行研究と批判　*155*
4.3. 論争における争点と問題点　*164*

xv

第5章　意識研究と第二言語研究をつなぐ ······················ 169

5.1.　目立つものは習得されやすい？　*170*

5.2.　インプット処理理論に基づく卓立性の理論化　*175*

5.3.　言語を理解するということ　*178*

5.4.　無視されてしまう言語情報　*181*

5.5.　意識と，文法の習得困難度をめぐって　*186*

5.6.　これまでにわかっていることとその示唆　*193*

終　章　外国語を学ぶとはどのようなことか ·················· *197*

あとがき ·· *203*

参考文献 ·· *207*

索　　引 ·· *221*

第 1 章

外国語学習に潜む意識と無意識

2

　外国語学習の中で，意識はどのように機能するのでしょうか。抽象的な話に入る前に，まず身近な例をみていき，本書でどのようなことを考察するのかに関して，具体的なイメージを持って頂きたいと思います。

1.1.　意識と外国語学習の「成否」にまつわる問題[1]

1.1.1.　意識した／意識してない言語学習と使用

　多くの日本語話者にとって，英語学習は難しいものです。中学・高校で必死に勉強したにもかかわらず，何年やってもなかなか自信を持って使えるようになりません。それに比べて，私たちが最初に学ぶ言語（第一言語）はなにも勉強しなくてもある程度できるようになります。たとえば以下の文章を読んでみましょう。

　　　昔々あるところに，おじいさんとおばあさん**は**住んでいました。おじいさん**が**山へ芝刈りに，おばあさん**が**川へ洗濯に行きました …

一見，馴染みの文章ですが日本語を第一言語とする人[2]（私もその

---

　[1] 何をもって「成功」というかというのは難しい問題でして，私なんかは「用が足せる程度の英語力がある」ことを「成功」といったりするのですが，本書でカギカッコつきの「成功」が指すのは，特に教授を受けていないネイティブスピーカーのように苦労なく「正確」に言語が使えるようになることを指しています。外国語学習者が全員そのような状態を目指すべきだという意図はありません。

　[2] この本では，「日本語を第一言語する人」を「日本語話者」とも表現しますが，「日本人」とは呼びません（「英語話者」等も同様）。「日本人」は日本国籍を持つことを意味することもあり，必ずしも言語使用と関係があるとは限らないからです。

一人ですが）の多くは，これ読む（聞く）と，それは「は」と「が」が逆だろう，と指摘することができます。

また，方角を表す「**西**（にし）・**東**（ひがし）・**北**（きた）・**南**（みなみ）」という言葉が，「**西**さん（にしさん）・**東**さん（ひがしさん）・**北**さん（きたさん）・**南**さん（みなみさん）」という人名になると，それぞれアクセントが変わります。発音してみてください。

これも多くの人は，誰にも教えられなくても無意識にできていると思います。

さて，これまでにそのような違いを考えたことがなかった人でも，多くの日本語話者の方は「言われてみれば確かにそうだ」と思うはずですが，国語の教科書にも「『は』と『が』の使い分け」なんて解説はなかったし，親にアクセントの指導をされた経験も通常はないと思います。でも確かにこの規則を使うことができるし，間違っていたら違和感がある。ということは，第一言語に関しては，「意識的に」勉強することなく，普段「意識する」こともないけれども，頭の中に何かの「規則」に関する知識のようなものがちゃんとあるということです。また，その日本語の規則に違反しているから，違和感を感じることができるのです。

この「意識して勉強していないのに規則を知っている」こと，それ自体もじゅうぶん興味深い内容ではあるのですが（それを扱うのが言語学や心理言語学という学問分野です），今度は外国語でよく見るもう片方の側面，つまり「『意識的に』（そして必死に）勉強したのに使えない」という部分に注目してみましょう。通常，わたしたちは子どものときに第一言語を学ぶ際，言語の規則は「意識していない」はずです。一方，第二言語を学ぶ際には，とても強く「意識している」。すごく意識して学んだのに肝心の時に出てこなかったりするわけです。さてここでなんとなく，「第一言語と第二言語の大きな違いは『意識の有無』」ような気がしてきます。

では，そこからの派生であるように思われる「子どもが第一言語を学ぶように第二言語を学べばいいんじゃないか」という主張に関してはどうでしょうか。この考えは，意識的に勉強したから意識しないと使えないし，意識せずに学べば意識しなくても使えるようになる，という想定がその根源にあると考えられます。では，外国語・第二言語を無意識に学習して，無意識に使用することは可能なのでしょうか。

そこに関連して，こんな実験（Kusanagi（2013）の一部）があります。日本語でも英語でも，二つ以上の形容詞が一つの名詞を修飾することがあります（たとえば，「小さくて赤いペン＝small red pen」など）。この場合，英語では，その形容詞がサイズ（big とか short とか）を表しているのか，色を表しているのかなどで，どちらが名詞に近い方に（この場合，右側に）くるかという順序がある程度決まっているのです。つまり英語話者は，small red pen は自然に聞こえ，red small pen のほうには違和感を持つそうです。実験で，こういった自然な語順のものと，その逆の語順のものを並べて，学習者にどちらが正しいか判断してもらうと，英語上級者ならだいたい正確に回答ができるようです。しかし興味深いのは，なぜ片方が正しいと判断できるか，つまりどういったルールがその語順に働いているのかは，回答した（かつ正答した）本人すら説明できないことが多いという事実です。つまり，言語を使う際にその規則を「意識できない」というのは，日本語を第一言語とする外国語としての英語学習者でもありうるのです。

この実験，実は私も，居酒屋などで昔の同級生に対して，お酒を飲みながら試しにやってみたりするのですが，英語力がある程度高いと結構正解できます。一部の大学受験予備校では稀にこの語順のルールを習うそうですが，興味深いことに，この文法規則を習った記憶のある人でも，「習ったけど忘れちゃったなぁ」と答える人が

第1章　外国語学習に潜む意識と無意識　　5

多いのです。文法を忘れているのに，その文法が使える。これも大変，不思議な現象です。一方で先に述べたように，この問題に正答した人の中には，習ったこともないし，そもそも予備校など行っていないという人も相当数います。つまり，同じ正解にたどり着いた人たちの中にも，言語に触れる中で自然に（つまり無意識的に）そのルールを身につけた人と，意識的に学んだけどそのルールを忘れてしまって，結果として無意識で答えている人もいるということが示唆されます。

　さきほど外国語でも「言語に触れる中で自然にルールを身につける」ことができると述べましたが，あらゆる言語の要素はそのようにして自然に身につくのでしょうか。結論から述べると，これもそれほど単純な話ではないようです。たとえば，大量に英語の産出データ（ライティングやスピーキングの結果を集めたもの）を分析すると，人は英語に触れる際にはかなりの高頻度で冠詞の "a" や "the" と出会うということがわかっています。ですがこの冠詞の a や the，実はものすごくクセモノで，毎日英語を読んで書いているような大学教授ほどの上級英語使用者でも，第二言語話者には規範的に使いこなすことは極めて難しいのです（ぜひ，英語で論文を書いている，日本語話者の先生に聞いてみてください）。この問題に関しては再び本書で取り扱います。というわけで，自然な言語使用の中でたくさんその文法に触れればそれだけ学習されるというわけでもないようです。

　これらの身近な例からも謎はどんどん沸いてきますが，現時点で取り扱った現象から答えられそうな疑問もあります。まず指摘できそうなのは，外国語学習における「意識」といっても，それは**言語を学習するときに働かせるもの**を指しているのか，それともすでに**学習された知識を使うときに必要なもの**を指しているのか，という

ことを考える必要があるということです。[3] 換言すれば，学習の「過程」で生じる意識と，学習の「結果」として得られた知識に生じる意識が異なるということです。たとえば，第一言語の場合は大抵，無意識にことばが指し示す対象を把握して，言語を習得します（学習の過程）。言語を使用するときはもちろん規則を意識しなくてもいいわけです（学習の結果）。さきほどの「は」と「が」に関わる規則は，学習するときに意識したけれど大人になるにつれて忘れてしまった，というわけではないはずです。また，一生懸命に規則などを意識して勉強した（過程）ことが，いつのまにか無意識的にできるようになっている（結果）ということもあります。一方で，学習するときは意識しなかったけれど，規則を知って説明できるようになった，ということもあります（日本語話者が日本語教師になった場合，教員養成課程で文法規則を学ぶため，このようなことが多くなります）。

　このように，学習するときに意識が働いたか否かを区別して，この二種類の学習（過程）は，認知心理学では**意識的・無意識的学習**とよびます。一方，知識を活用するときに意識が必要となるか否かという二種類の知識（学習の結果）に対しては，**意識的・無意識的知識**というよびかたがあります。これを図に表すと次のようになります。

---

　[3] 実は学習と記憶は神経科学的には分けることができないということも言われているそうですが，この点は意見の分かれるところ。この本では，学習過程で生じる意識と，記憶された知識を使う際に必要な意識を分けて考えていきます。

第1章 外国語学習に潜む意識と無意識　　7

		知識が学習される過程の意識	
		意識的学習	無意識的学習
学習の結果得られる知識の使用に生じる意識	意識的知識	勉強して身につけた知識	無意識に学んだあとで規則に気づいたような知識
	無意識的知識	学んだことを忘れているような知識	第一言語の知識

　ここまでの例から考えると，意識的に学習した知識は意識的に使わなければならないとか，無意識的に学んだものは無意識に使えるとか，そういうダイレクトでシンプルな対応関係は必ずしもありません。車の運転は，普通意識的に学ぶものです（「習うより慣れろ」といって運転できもしない車を走らせたら危なっかしくて仕方がない）。しかし，教習所で運転を続けているうちに，徐々に自分の行動を意識しなくても自動的に運転に必要な行動が取れるようになるものです。つまり車の運転の知識は，「意識的学習→意識的知識→無意識的知識」というルートをたどっていると言うこともできるでしょう。それでは上記で挙げたような言語の学習と知識は，どの程度このルートにあてはまるのでしょうか。ほかにはどのようなルートが考えられるでしょうか。これらは，本書でこれから明らかにしていく問いです。

1.1.2.　意識に映ることばの内容

　また，日本語話者と英語話者は，全く違う言葉を使っているのに，世界を全く同じようにみているのでしょうか。
　肘でコップを倒して水をこぼしてしまった際に，日本語話者が「水がこぼれました」と言い，それを聞いていた英語話者が，「いやお前がこぼしたんだろうがよ」と思ったという逸話があったりしま

8

す。この状況を説明する場面では，英語で I spilled a cup of water. と言うことが多く，ここでは自分がこぼしたということが明示されています。[4]

　また，日本語では「濃いコーヒー／薄いコーヒー」[5]と言ったりしますが，英語では "strong/weak coffee" と言います。つまり，「濃い／薄い」ではなく「強い／弱い」と表現するのです。「濃いコーヒー」と「強いコーヒー」だとなんとなく対象としているもののイメージが異なる気もしてきませんか。ちなみに私は大学院に入学したころは strong coffee という表現を知らなかったため，コーヒーを「strong ／強い」と表現することに（英語でも日本語でも）強い違和感を持っていましたが，私の大学院時代の指導教員の先生がこういった表現の研究をしていたため，このような表現を何度も目にする機会があり，今では逆に「強いコーヒー」と日本語で見ても違和感を覚えなくなってしまいました。ちなみに言語間で異なるこのような表現は，外国語学習者にとっては最初は違和感があるのですが，学習しようとしている言語が使われている地域で生活しているうちに許容されるようになり，第一言語の影響を受けなくなる可能性があるようです（Yamashita and Jiang (2010)）。

　本書でこれから示していくように，言語は使用者の意識と密接に関連しているため，このような言語間の異なりは，単に同じ世界を違う言葉で表現していることからくる違いだけで説明できないこと

---

[4] とはいえ，主語をごまかして責任の所在を曖昧にすることが英語でできないわけではありません。この後に論じますが，英語であれ日本語であれ，言語で何かを表す際にどのような表現を用いるかは，発話者の意図や視点が大きくかかわります。

[5] 筆者は薄いコーヒーを「しゃびしゃびのコーヒー」と言ったりしますが，これが名古屋弁だと知ったのは成人してからでした。この言葉に馴染みがない人は適切に「しゃびしゃび感」を認識できるのでしょうか。

第1章　外国語学習に潜む意識と無意識　　9

がたびたびあります。とするならば，違う言葉を使いながら，物事を全く同じように認識することは可能なのでしょうか。また，その認識が異なるとすれば，二言語を併用して使うことができる第二言語学習者は，世界をどのように見ているのでしょうか。外国語を学ぶことで，学習者の認識は母語話者の認識にどんどん近づいていくものなのでしょうか。それとも，私たちが最初に学んだ言葉を通して得られる認識は，ずっと変わらないものなのでしょうか。これは，意識の「中身」にかかわる疑問です。外国語を学ぶことで，何かに対する認識が変わってしまうのであれば，外国語を学習しようとする皆さんもそこに無関心ではいられないかと思います。これも，意識と言語，さらには外国語学習にかかわってくる重要な問題です。

1.2.　意識をめぐる外国語学習論

　以上のことだけでも，世の中でまことしやかに流れるウワサについて，少し判断できるようになってきました。まず「はじめに」で少し示した，聞いているだけで英語が喋れるようになるといったたぐいの宣伝文句や，「文法なんて勉強しなくていいよ，使うことが大事なんだよ！」という主張はどうでしょうか。私自身「使うことが大事」という意見には概ね賛成なのですが，やはり自然に使っていてもできるようになることとならないことがあると言えそうです。すでに述べた形容詞の語順や冠詞の話から，そのようなことが可能になるかどうかは「学習する対象がなにかによる」ということがわかります。

　また，「一生懸命勉強したけれどもなかなか使えない」タイプの知識が役に立つことがしばしばあります。たとえば誰かにメールを送るという状況を想定してみてください。自分の書いたものを読み

返して推敲する際には、ああ、ここは the がいるな、とか、複数形の s が抜けていたからつけなきゃ、というケースがあります。人間が同時並行で行える処理には限界があり、英語を書いているときは、伝えたい意味内容を強く意識しているので学んだ知識を適切に使えないということが起こります。しかし、時間をとって校正を行う際には、より文法に注意を向けることができ、誤りに気がつくことができるのです。自分の持っている知識がすべてこのようにしか使えないと、なかなか実用的な外国語の活用には結びつきにくいですし、スピーキングでこのプロセスを使うのは難しいわけですが、特定の用途では用いることができる知識だと言えます。

じゃあどういう英語学習法がいいのさ、ということに関しては、上記のことを考慮すると、ある程度「それは場合による」ということになりそうです。… まさにケンキューシャが使いそうな曖昧な言葉づかいですが、事実、「文法はしっかり（意識して）学ぶべき／その必要はない」とか、「たくさん読むべきだ／文法を反復練習すべきだ」という二項対立は、すでにもう時代遅れになりつつあると私は思います。ではそのうえで、外国語に関して人はどのような対象であれば、どのようなことができるようになり、逆にどのようなことをするのは困難なのか。そういった点に関して、外国語学習と意識にまつわる知見が重要な意味を持ちます。

ここまでに書いたことのほとんどは、単発的なエピソードを取り上げただけでした。これから見ようとしていることをほんの少し垣間見たにすぎません。こういったエピソードだけだと、やれ北海道に住むイトコの英語の達人のケンくんは冠詞を間違えないだとか、やれ近所のユウくんは東京生まれなのに日本語の語感が悪いとか、そういう例外的な個別事例がどんどん出てきてしまいます。こういった現象を抽象化して体系化するのが学問というものですが、ここからは、個別のエピソードだけでなく、先行する研究の多くの知

第 1 章　外国語学習に潜む意識と無意識　　11

見を参照しながら，外国語学習の中の意識を探っていこうと思います。その前に，そもそも「意識とはなにか」という点をもうすこし探る必要があります。ここまでにも「意識した場合」という言い回しや「無意識的な」といった言葉が出てきていますが，読者には，意識とはなんなのかまだ曖昧に思っている方が多いのではないかと思います。すこし抽象的な議論になりますが，次章を読むことで，第二言語習得研究の分野での「意識」の議論がよくわかるようになるはずです。

第 2 章

意識の諸相

2.1. 意識を定義するには

　先に述べておくと，実は意識に関する統一的な定義はありません。それは意識という語がそれだけ抽象的で複雑な事象を示しているということでもあります。ただし，意識の本質とはどのようなものかと考えてきた学者たちは，いろいろな考えはあれど各分野での知見の蓄積の上に議論を重ねており，そこには多くの類似点と，視点の違いに基づく相違点が見られます。第二言語習得研究が扱う「意識」も，そのうちのいくつかの議論がもとになっています。ここでは，これまで議論されてきた意識に関する主要な考察を紐解き，意識にはどのような側面があるのかを考えていきます。

　また研究における「定義」で大切なのは，その定義を採用すると，どういった点で有用といえるのかが示されていることです。研究者らが提示した定義の類似点を線で繋いでいくと，類似点の理解によって相違点が際立ち，その全体像が描き出されていきます。これによって，漠然と捉えていた意識という現象がファジーながらにも把握できるようになり，またその言葉を漫然と使っていた際に見落としてしまいがちな側面も見えてくると思います。それに加えて，外国語学習に科学的にアプローチする第二言語習得研究で意識を考察できるようにするために，科学的アプローチによる研究で扱える程度にはっきりした「意識」のカタチを描き出すことも，本章のもう一つの目標としたいと思います。そのためには，実際に科学的アプローチで行われている研究手法を適宜参照し，どのようにすれば議論されてきた「概念」が，実験や調査に落とし込めるのか，もし無理であるとしたら，それを不可能にしているのは何かといった点を考察しながら話を進めていきます。また近年では情報工学の分野で人工知能研究が急進しており，そこで得られた知見がその他の意識研究に関連する分野に取り入れられてきています。したがってこ

こからは，哲学的議論にサイエンスとしての心理学の知見や，人工知能にかかわる工学的な視点を織り交ぜながら話を進めていくことになります。このように，意識の全体像を描くという作業の中で，「アウェアネス」や「注意」といった，第二言語習得研究で混乱を招いている原因となる概念との違いを整理することが可能となります。

　さて，先で触れたように，「意識」というものは，さまざまな分野で活発に議論の対象となってきました。それはもちろん，人の心をあつかう心理学の研究対象でもありますが，実は先ほどから述べているように，哲学の分野でかなり活発な議論が展開されています。意識を持つということは，人間が人間たるゆえんとはなにかとか，将来科学が発達した末には，心をもつロボットが作られるということはあるのかとか，そういう哲学のメインテーマに，「意識とは何か」という問いが深くかかわってくるからです。そのような現状を踏まえ，ここからしばらくは意識が哲学でどのように考察されてきたかを考察して，本書の中心的テーマである意識とはなんなのか，どのようなものなのかを考えていきます。

　ただその前に，意識という語がなぜややこしいのか，その理由をとりあえずひとつ取り出して考えてみようと思います。それは意識という語が指す意味の多様性を示すものですが，その多様性の外延がわかれば，日常用語と学術用語としての「意識」の指しうる対象の理解，そしてその後の考察の理解がスムーズになるはずです。

2.1.1. 広い定義と狭い定義，意識の機能と内容

　学習の文脈ででてくる「意識」という言葉がなぜややこしいのかを考える上で私が有用だと思うのは，「広い定義」と「狭い定義」，そして「意識の機能」と「意識内容」，という区分です。そして，このそれぞれの区分のうち，どこの話をしているかを考えながら文献

を読み解くと，理解がしやすくなるはずです。

　ここで読者に以下のような問いを投げかけてみたいと思います。これから示すようなシチュエーションを想定してください。救急車がけたたましいサイレンを鳴らしながら，とあるアパートの前に到着しました。アパートからは一人の若い男性が担ぎだされてきて，救急隊員が，「意識がありません！」と叫びます。さて，担ぎだされてきた男性はどういう状態でしょうか。(1) 失神している。(2) 物思いにふけってボーッとしている。

　次の問題です。以下の状況を想定してください。午前中の講義が終わり，名古屋大学の食堂（みそ汁は赤だしが出てきます）で食事中のアキちゃん（三重出身）とユーサクくん（和歌山出身）。「今日の集中講義のヨーイチ先生のトーク，いつもにましてキレキレやったねー。」とアキちゃん。それに対してユーサクくんが答えます。「え … あれ？　なんかいつもとちごたっけ？　全然意識してなかったわ。」さて，ユーサクくんはヨーイチ先生の授業中，どういう状態だったと思いますか。(1) 失神していた。(2) 物思いにふけってボーッとしていた。ただし，これはクリスマス前の出来事であるとし，ユーサクくんはアキちゃんに恋愛感情を持つものとする。出身地を出したのはただ二人のしゃべり方が微妙に違うからです。

　この二択ならば，前者の問題の答えは普通に考えると (1) が選ばれると思います。この救急医療のような文脈では，ただ物思いにふけっている人を「意識がない」とは言わないでしょう。ただし，これと同じ「意識」の用法を，その次に示した状況にそのままあてはめると，ユーサクくんは授業中に失神していたことになります。まぁ，可能性としてゼロではないでしょうが，普通に解釈すれば，ユーサクくんは「そんなに先生のトークの調子に対して気を払っていなかった」という状況だったと考えるはずです。このように，「意識」状態というものを，失神しているような状態ではなく単純

に起きて問いかけなどに反応できる状態としているときもあれば，起きているだけではなくプラスアルファで何かに気を払っているような状態を指すときもあります。ここでは前者の「意識がありません！」という意味での意識の用法を「広い意味での意識」，後者の「意識してなかったよ」という意味での用法を「狭い意味での意識」と便宜的に呼ぼうと思います。

この広い意味での意識と狭い意味での意識の用法，先の例では日常用語からもってきたものですが，専門用語として用いる時も，狭い意味で使っている人と広い意味で使っている人（もしくは学問分野）が存在します。これが，意識という語の指し示すものが，混沌としている一つの原因となっています。

上記のような「意識」の用法は，意識の機能的な側面を指しています。たとえば意識して何かを行ったときと，意識せず行ったときでその結果が異なる（文法の学習なんかもそうですが）というのは，それが結果に対して何らかの「機能」を持っているからです。しかし，同じように意識という語を使っていても，この機能的な側面とは異なるものを指して意識と言っているテクストに多く遭遇します。それは，人間一般に共通する認識のことであったり，心の発達とともに変わっていく概念の中身であったり，他人には決して観察できない心の主観的側面であったりします。本書では，こういった心の中に浮かぶその内容を指して，「意識の内容」とひとまず呼ぶことにします。[1]

ここで新たな仮想エピソードを出してみようと思います。先ほど授業でぼーっとしていたユーサクくんが私の研究室に訪れました。

---

[1] 本書では「認識」と「意識内容」をほぼ同義で用いていますが，専門的に言うならば，認識は外部から得られた刺激情報が知覚され，意識に上る心的なプロセスのことを指します。

18

どうやら彼は，最近のアキちゃんに心境の変化があったのではない
かと考えているようです。

「じゃあ具体的にいうと，アキちゃんの変化を，君はどう考
えているの？ 前とは変わったの？」
「なんかアレなんですよ。一緒にいると楽しそうにしている
と思うんですけど，なんかよそよそしいんですよ。」
「楽しそうだけどよそよそしいってどういう状態なの」
「うーん。特にどうしたからっていうのは意識してなかった
ですけど，たとえばよくしゃべってくれるけど，よく目を逸
らすとかですかね。なんか … これって，もしかして，アキ
ちゃん俺のこと …」

　さて以上のようなケースにおいて，最初に彼が話し始めたのは彼
自身の意識の内容であると言えます。アキちゃんが─実際にどう
思っているかはわかりませんし，大抵こういうのは勘違いなのです
が─，彼に対してどのように思っていると「感じているか」に関す
る内容を答えていたわけです。その内容は，「よくしゃべる」とか
「目を合わせない」とか，そういった相手の行動を観察するうちに
彼のうちに作られた「意識内容」です。

　しかし，彼は普段その行動を「意識していなかった」といいます。
つまり，「無意識に形成される意識」ということになります。これ
ら前後の「意識」を同じものととると意味不明ですが，前半は意識
の機能を指した言葉である「意識」で，後半の「意識」は意識内容
を指しているとすれば合点がいきます。このように，意識の機能は
大抵「あるかないか（ないしはその程度）」で示されるものである一
方，意識の内容を指すときはそのような使い方は通常されません。[2]

---

　[2] 心の哲学における，いわゆる「哲学的ゾンビ」はクオリアを欠いた存在を指

2.1.2. 意識の二面性

このように，意識がどのようなものかを考えるにあたって，「心の哲学」の分野では，意識をふたつの側面から捉えことがよくあります。ひとつは，人が何かを知覚し，学習したり，記憶にとどめたりすることに，意識がどのような役割・機能をもっているかという問題を扱う観点です。たとえば，野球で，より打率をあげるために，身体が開かないようにして，バットが下から出ないように，コンパクトに振る … といったように，自分のスイングを意識しながら素振りを繰り返し，理想的なフォームを作り上げる，なんていうことはわりとよく行われているかと思います。一方，かつて「魔球」と呼ばれたスローカーブを駆使し，中日ドラゴンズでエースとして活躍した今中慎二投手[3] は，ある番組でカーブの投げ方を聞かれたときに，「(指をボールの縫い目に) 添えてもいいし，添えなくても…」「まあ感覚ですね，どの投げ方が自分に合うかっていう話で」などと答えていました。野球中継で彼の解説を聞いていても説明がそれほど「曖昧」な解説者だとは思わないので，スローカーブの質問には本気で答えていたのかどうかは定かではありませんが，どちらかというと特に意識しなくても自然とできていたことを，いまいちど内省して言語化し，答えているという印象を私は受けました。これは，「何かの行動を学習する際に，その行動を意識的に行う必要があるかどうか」という観点で印象深いエピソードかと思います。

そしてもう一つの観点は，私たちが経験する「感じ」，つまりたとえば「りんごの赤い感じ」，とか，「あの表皮のつるつるした感

すので「意識内容がない」と言えるかもしれませんが，そのような特異な文脈以外で「意識内容のあるなし」が語られることはありません。

[3] 私は岐阜出身の父親の影響で生まれながらの中日ファンであり，今中投手を神として崇めながら育ちました。

じ」,「新雪のふわふわした感じ」,「触るとひんやりと冷たい感じ」とか,そういう主観的な体験（**クオリア**と呼ばれるもの）にかかわるものです。心の哲学では，脳という「物質」から，そのような多様な主観的意識が（どのように）生じるのかということを論じたりします。

こういった意識の二面性に対して，哲学者のネド・ブロックは，「現象的意識」と「アクセス意識」という二つの用語を使って多面的な意識の側面を定義しています(Block (1995))。ブロックによると，意識の現象的側面とは意識のうち客観化できない側面，つまり主観的側面のことで，上記した「クオリア」と同義で扱われます（もしくは現象意識に含まれる「感じ」ひとつひとつをさしてクオリアと呼びます）。そして本書では，わかりやすさの観点からこれを「意識の内容」に含まれるものとしています。それに対して，アクセス意識は，記憶に短期的に保持されて意図的に使用できる意識のことです。アクセス意識は，「意識の機能」にかかわる術語でありこの後紹介する「アウェアネス」と定義とも重複が見られ，本書で指す意識の機能的側面とかかわりのあるものだと言えます。

この二分法の理解を促すためにさらに例を示してみましょう。私が自分の部屋に置いているノートパソコンは高周波音が比較的うるさいのですが，普段，書類を作ったり論文を書いたりといった作業を行っている際には，耳に入っていて何らかの音を認識しているにもかかわらず，その音に全く気になりません。この現象は，この説明に則ると，現象的意識に上ってはいるがアクセスされていない（アクセス意識には上っていない）状態であると言われます。

ブロック以外の哲学者や神経科学者も，このような意識の二面性を頻繁に指摘しています。本書では，これらのような二分法はすべて意識の「機能」と「内容」と統一して表現します。

それでは，以上のような「広い定義」と「狭い定義」，そして「意

識の機能」と「意識の内容」という区分を踏まえつつ，ここからは「意識」とは何かという議論をみていきましょう。

2.1.3. 広い定義と狭い定義の意識モデル

上記の二分法的な区分のうち，意識の機能や役割に焦点を当てるようなタイプの研究は，なんとなく心理学でやってそう，というイメージではないでしょうか。一方，意識の主観的側面はさらに抽象的な問題です。これを扱う研究が，「心とは何か」，「心と体はどのようにかかわっているか（心身問題）」とか「心をもつロボットは可能か」という研究課題を同時に取り扱い，長いあいだ哲学分野の難問であると位置付けられてきました。この二つのタイプの研究課題に対して，オーストラリアの哲学者デイヴィッド・チャーマーズは，科学で扱うことのできる意識の機能や役割に関する問題を「イージープロブレム」と呼び，後者は科学で答えを出すことは困難であり，哲学で扱われる問題として「ハードプロブレム」と呼んでいます (Chalmers (1996))。

本書では，意識そのものがどのように生じるかということを説明するのが目的ではなく，外国語学習に意識がどのような役割を持つか，意識に上る内容はどのようなものかということを論じるのが目的なので，物質的な脳から意識がどのように生じるかという問いは取り扱いません。とりあえず，「そういう問題があるのだな」という程度に捉えておいてください。

さて，意識の機能について理解するために，前章で紹介した，意識の「広い定義」を見ていこうと思います。私が知るかぎりで最も広い定義であり，かつ最もよく用いられている定義は，哲学者ジョン・サール (John Searle) の以下のものです。

"Consciousness consists of those states of sentience, or

feeling, or awareness, which begin in the morning when we wake from a dreamless sleep and continue throughout the day until we fall into a coma or die or fall asleep again or otherwise become unconscious (Searle, (1999, pp. 40-41))."

　上記は英語の引用ですが，つまり夢をみない睡眠から覚めていて，かつ昏睡状態に陥ったり，死んだり，再び眠ったりして**いない**状態が意識状態だと定義するものです。

　この定義は非常に広く，主観的経験およびその知覚内容や意思決定，知性，情動など，私たちが起きて行動する際のほとんどの認知行動が意識研究に位置付けられることになります。

2.1.4.　意識の三階層モデル

　しかし，こういうタイプの「意識の定義」だけで，「外国語学習に影響を与える意識」について包括的に論じることはできません。入眠や失神した状態での外国語学習はあまり一般的ではないからです（ちなみに睡眠学習[4]とか，眠っている間に行われる記憶の整理は本書では取り扱いません）。この定義は，「本を読んでいる時に出てきた知らない単語を意識して学んだか」といった現象を説明できません。ですので，こういう広いタイプの「意識」の定義をとると，意識の中に階層を仮定しなければならなくなります。つまり，「起きている状態プラスアルファ」を考えなければならないのです。

　これに該当するものとして，「**意識の三階層モデル**（three-layered model）」というものが提案されています（Osaka (2003) など）。この

---

　[4] ただし，特に神経科学系の研究には「夢を見ている状態」を意識的状態として扱う研究もよくあります。

モデルによると，一番低い意識レベルは，人が「覚醒」している状態とされます。つまり上でいう「起きている状態」がそれにあたります。さらに一つ高次のレベルで，ある対象に意識が集中するレベルがあります。野球でバッターが飛んできたボールを打ち返す。ケータイが光ったので，新着メールにちがいないと考え，確認する。つまりこんなふうに，**外部からの何らかの情報**（ボールが飛んでくる，ケータイが光った）**にアクセスでき，その情報を行動**（打ち返す，メールを確認する）**のコントロールに利用できる状態**です。逆に，顔に砂が飛んできたから目をつぶるというような反射的な反応は，情報を利用してその後の行動を自身がコントロールしているわけではなく，アウェアネスの伴った行動とは言えません。

　対象に意識が集中している状態になると，私たちは自分が意識した内容をことばで報告できるようになるといわれています。外国語学習などで話題になる意識のレベルはまさにこの状態です。これを「**アウェアネス（awareness）**」がある状態といいます。

　三階層モデルは，私たちの直感によく合うものだと思います。このモデルによる定義をつかえば，意識といっても高いレベルから低いレベルまであって，その意識が何かの対象，外国語学習の場合は文法や語彙や発音など，そういうものに向けられた時に，記憶や学習になんらかの役割を持つ，という考え方ができるようになります。

　さて，意識関連研究に足を踏み入れた人が混沌とするという，「意識」と「アウェアネス」という用語の使い分けが，ここでみえてきました。つまり，広い意味で「意識」という語をつかった場合，「意識プラスアルファ」を定義するために，意識を階層化する必要が出てきます。そしてアウェアネスは，その時に「意識プラスアルファ」を指し示すためにでてくる用語であるというのがアウェアネスの一つの用法です。

　アウェアネスのさらに上の段階，つまり意識のうち三段階目の最

も高次なレベルは、「自己意識」と呼ばれるものです。僕はなんで生きているのだろう。私が人生で成すべきことは何だろう。そんな感じの内省や哲学的思考にふけるには、かなり強い意識を自分の内面に向けなければなりません。

意識の三階層モデル（Osaka (2003)）に基づく

しかし一方で、この意識の三段階モデルには現実的な問題点があります。このような意識の階層について実験による検証を行おうとすると、どの段階で「覚醒」が「アウェアネス」になるのか、さらに「自己意識」になるのかなど、それぞれの境界が曖昧になってしまうのです。

2.1.5. グローバルワークスペース理論

さて、次に「狭い意味での意識」を論じる研究を見てみます。認知哲学的な論考と、それに基づき脳神経科学の研究にも応用されているグローバルワークスペース理論（Baars (1988, 1997)）では、心の中にある特定の情報が意識化されるには、その情報がその他の情報からアクセス可能な条件におかれる必要がある、という説明をします。そしてこの理論において意識はグローバルワークスペース内の神経活動ですが、グローバルワークスペースに上るためには、情報は注意によって選択・増幅される必要があります。つまり、野球

でバッターが「飛んできたボールを打ち返す」という意識的行動をする際には，ボールの接近を知覚情報として入力したり，バットを振り打ち返すという行動ために必要な運動を出力するといった，入力や出力をつかさどる情報からアクセス可能になるという条件を満たし，「腹で受ける」や「見逃す」などを押しのけて「打ち返す」という行動が選択されることで，「打ち返す」という意識的な行動が達成されるということです。

　このことをわかりやすくするために，グローバルワークスペース理論では，意識は注意のスポットライトが当てられた演劇舞台の俳優にたとえられます。覚醒状態，つまり起きて活動している状態においても日常の認知の中で「意識されていない」情報は，暗がりに座る観客として描き出されます。「舞台にのぼる」という条件を満たして初めて，俳優（意識）は観衆（無意識の活動）に対してメッセージを拡散することができるようになります。

　この理論に則ると，「意識的な状態」こそが，「ある外部からの刺激に対して言語報告が可能な状態であり，そして，その外部からの情報を意図的な行為に利用できる場合」であるとされます。

図1. 意識的状態になった情報（ステージに上った俳優）は，人の行動を可能にしている感覚入力や運動出力を担う他の情報（観客）からアクセス可能になります。そのような処理を可能にする機能的なメカニズムが「グローバルワークスペース」と呼ばれるもの（演劇舞台）です。

　この定義はあきらかに「意識的」という言葉を，前述のサールのそれより狭い意味で用いています。なぜなら，人が普通に起きて活

動しているときでも，その中には意識的な活動と，その周縁には無意識的な活動があると考えるからです。そして，「意識的な状態」の考え方は，意識の三段階モデルでいうアウェアネスの伴った状態と同じです。つまりこのような意識の定義に基づくと，ただ単に覚醒している（つまり寝たり失神したりしていない）状態は意識的状態ということはできません。

　ここでの話をまとめると以下のようになります。

- 意識には「広い定義」と「狭い定義」がある。
- 「広い定義」を用いた際には，意識がなんらかの対象に焦点化された状態を「アウェアネスを伴う」状態であると考える。
- アウェアネスを伴う状態とは，外部からの何らかの情報を，行動のコントロールに利用できる状態を指す。
- 「狭い定義」を用いると，「意識的である」状態と「アウェアネスを伴う」状態はほぼ同義で用いられる。

　外国語学習をあつかう第二言語習得研究では，この狭い定義も広い定義も入り混じって使われており，これが混乱を招く種となっているように思います。ただ，最近の研究を見る限り，第二言語習得研究においても「意識的である」ことと「アウェアネスを伴う」ことはだいたい同義で使われているように思います。

　また，前述したグローバルワークスペース理論を参照すると，意識の機能だけではなく，内容についても理解しやすいかと思います。意識的な活動は「スポットライトが当たっている」部分で表されますが，私たちの活動は，大部分の「スポットライトが当たっていない」状態，つまり無意識の活動があって成り立っています。普段は意識していなくても，私はこう感じているという「感じ」があるはずです。野球選手が変化球のカーブを投げるときに「肩から抜くイメージ」などと説明する場合，「感じ」はつかめていても，普

段から機能としての意識を向けていないという状態がみてとれます。そして，機能としての「意識（つまりアウェアネス）」がなくても，それらを含めて感じられるイメージが「意識内容」といえます。

2.2. 表象

ここまで説明してきてちょっと「抽象的で小難しい専門用語を使わずわかりやすく説明する」のがしんどくなってきましたので，ここで一つ新しい用語を導入したいと思います。それは**表象**というものです。

私たちは何か対象を示されたときに，心の中にその対象を思い描くことができます。たとえば，「ペン」といわれれば，もしくは「ペン」と書かれているのを見れば，心の中にペンを思い浮かべることができます。よくよく考えてみると，これは非常に不思議な話です。「ペン」というのはただの記号ですが，その記号を解釈して，私たちはその意味を抽出し，意識に浮かべることができるわけです。しかしながら，百均で売っているプラスチック製の細い赤ペンも，数万円で名前入りをオーダーできるような，アンティーク調の装飾がついている木製の高級な万年筆も，すべて「ペン」です。もっといえば，果物などに至っては全く同じ形のものなんてこの世に存在しません。でも，「リンゴ」と聞けば，ふじとか紅玉とか王林とか，形も色も全く違うものばかりなのに，私たちはその「リンゴ」という記号がなにを意味しているのかを解釈し，難なく思い浮かべることができます。なぜこんなことが可能なのでしょうか。

この不思議な現象は，まず人間が対象の一つ一つ微妙に異なる部分を捨てて，ある観点からみて同じとみなし，それらを分類するという能力を持っていることを示しています。そして分類したものに対して，名前を付けることでラベリングを行います。どのようなも

28

のがどの観点から分類されて，どういう名前をつけるかということに関して，人間は，時たま驚くほどの共通性を見せることもありますが，文化などが変わればいくぶん変わることもあります。

　さて，上記のように，共通点を拾ってカテゴライズしたのはいいが，ではそれを認識できるというのはどういうことだろうと，多くの研究者が考えてきました。この問題を取り扱い，その後も影響を残した理論として「**観念連合説**」というものが挙げられます。

　「観念」とは，たとえばリンゴを見た時に感じる色味や「丸い」といった感じ，また香りなどすべてを指します。そのうえで，人間が対象を認識できるのは，そういった観念を組み合わせて，丸くて赤くて甘い香りがして酸味があるといった複合観念を心の中に作り上げることで「リンゴ」といった対象を認識すると考えられてきました。

　そして，私たちが「リンゴ」などという記号を理解した際に，心の中に現れるのは，「あの日，あの時，あの場所で，君と食べたあのりんご」というような具体的な対象物ではなく，もっと典型的であり抽象的な像です。これが「心的表象」と呼ばれるものです。

　表象というのは，このようにそもそもは何かの意味を変わりに指し示すシンボルのようなものです。たとえば，ペンの描かれている絵や写真があった場合，その絵や写真は「ペンを表象している」などといいます。絵が鉛筆で書かれていて，デフォルメされたペンの絵であったら，その絵はペンである以上ことを表象してはいませんが，それが写真であったのなら，その色や材質まで表象することができるでしょう。そしてそのなかでも「心的表象」といった場合，それは人の心の活動を可能にしている，心の中にあるものです。

　もっと言語にかかわる発展的な例を述べると，英語話者は"The **boys** play the guitar every day."という文章を見たときに，「ギターを弾いている男の子は**複数**いるんだな」ということがわかるのは，

心の中に複数形マーカーの -s と，それに対応する複数性の概念が表象されているからだといえます。[5] なので，「心的表象がある」というのは「知識を持つ」と似たようなニュアンスで用いられます。

観念連合説では，脳には「世界」が再現されていて（その「世界」を生まれながらにして持っているのか経験によって構築するのかはいろいろ意見がありますがそれはともかくとして），そこにあるそれぞれの要素が組み合わさって表象として機能していると考えます。そして表象媒体である記号がインプットされたときに，複数の単純な観念の組み合わせにより形成された複合的な観念と照らし合わせて表象内容が意識に立ち現れるとします。つまりこの説で言うとリンゴの表象は，丸い形や赤い色や甘い味という単純な観念を組み合わせていって作られた「複合観念」である，ということになります。

現在では観念連合説に完全に依拠した研究者はほとんどいません。なぜなら，私たちの経験やその帰結としての記憶は，あまりに複雑で多様だからです。その多様性を念頭に置いて，いくつの単純観念を積み重ねれば一つの対象を表す複合観念ができあがるのかと考えると，確かに途方もないことに思えてしまいます。

この問題は古くから人工知能の研究でも難問として取り扱われてきています。つまり，記号で指示された対象の意味をコンピュータ理解することができるのか，という問題（シンボルグラウンディン

---

[5] もしあなたがこの英文を読んで，「男の子は複数いる」とわからなかった場合，-s が複数性を表すという心的表象があなたの中にないのかもしれません。一方で，日本語を第一言語とする学習者は，かなり上級の学習者でもこの -s の意味処理が十分にできないということも知られています。なので，日本語を第一言語とする学習者は複数性の心的表象を持ち得ないのか，それとも単にこの -s がちゃんと処理できないだけなのかという点に関しては現在も議論が多くあります。

グ問題と呼ばれるもの）で，これが難問であるあまり，のちに説明する深層学習が注目されるまで人工知能研究が下火になる主要因にすらなりました。

　また，このように「表象を読み取る」ことで認識が行われるという説明の大きな問題点として指摘されるのは，記号が読み取られ，表象がつくられると仮定した際に，誰がその表象を読み取るのかという問題に直面することです（p. 35 で示す「カルテジアン劇場」にかかわるホムンクルス問題）。しかし，哲学者のダニエル・デネットが指摘するように，多くの研究者が多かれ少なかれこのような立場に（無批判・無意識的に）依拠して研究を行っています。そのようなことから，表象という概念を使わず，つまり認知は表象の処理の結果であるという観点に立たず，認知システムを説明するための試みもあります（van Gelder (1995), Thompson and Varela (2001)）。

　ただ，言語研究において表象という概念を全く用いないモデルを想定するのはなかなかに難しく，表象を全く考慮せず（反表象主義）にどのような研究プログラムが可能かはまだまだ議論の余地があります。現在ではこの「表象」という考え方を保持しつつ，上記のさまざまな問題に対応するため，分散表象（詳細は p. 62）というゆるやかな表象主義も発展しつつあり，従来より控えめな意味合いでも表象という概念を用いたほうが認知の働きはよりよく説明されるという意見もあります。本書でも，とりあえず表象という概念を用いて認知や言語にかかわる現象を説明していきます。

2.2.1.　高階の思考理論

　さて，この表象という道具立てを手に入れたところで，心の哲学における意識の話に戻りましょう。最近では科学的に意識にアプローチしたい認知心理学者たちが，デイヴィッド・ローゼンタール（David Rosenthal）の「高階の思考理論（higher-order-thought theory)」（Rosenthal（1986, 2000, 2005））をその哲学的根拠として引用しながら，意識と学習に関わる多くの現象（特に人間に生まれながらにして備わっている，「規則の学習」の機能）を明らかにすることを試みています。そしてその流れを汲む研究は，第二言語習得の分野でも広まりつつあります。この理論はあくまでここまでに紹介したような，またここから紹介する意識に関する哲学の中の数多ある理論の一つではありますが，認知心理学の人工文法習得の分野，ならびにこの後に述べる「アウェアネスの伴わない学習論争」で，現在最も言及される理論の一つです。

　高階の思考理論では，意識というものを，人の心的な（心の中でおきている）活動に対して，それをさらに高いところから眺めるような心的表象と捉えます。[6]「高いところから眺める」というのは比喩的な言い方ですが，つまり，私たちの行動を可能としている基本的な表象群のようなものが，たとえば建物の一階のロビーに集まっていると考えます。こいつらは基本的に「無意識」です（息をしようとしなくても息をしているように）。つまりこの理論では，人間は無意識の表象だけでとりあえず基本的な行動ができると仮定しています。そして，一階より高い階層（higher-order）から，自分の心の中の活動を眺める心的表象があると仮定します。この表象が一階にある表象を眺めているとき，その表象は意識的になるのです（禅を組んでいるときは自分の呼吸を「意識」したりするわけですが，それは「息をする」という基本的な行動に関する表象をさらに

---

　[6] この，心的な活動を上から眺めるようなカタチで「意識」を捉える研究者はローゼンタール以外にもいて，それほど異端な考え方ではありません。ローゼンタールはその「上から眺めているなにか」は「思考」だと考えていますが，それが「認知」だと考える人もいます。これ以上は脱線が甚だしくなるので，この話題には今回はあまり深く立ち入りません。

上から眺めている表象を持つ, ということになります)。

図2. 高階の思考理論では, 一階にいる表象で行動は成立し得ますが, 二階から一階で行われている表象を眺める高階の心的表象があるとき, その一階の表象が意識的になるとされます。

　本章の冒頭で示した今中投手の例だと, 試合などでカーブを投げるという動作自体は, 一階の表象で成立しているといえるでしょう。その行動は, 普段は特に何も意識せずにできていると思います。しかし, いざ聞かれてどういう風に投げているかを考えようとすると, 動作を可能にしている表象だけではなく, その動作をより高いところから観察する表象がなければいけません。このような「高階の表象」がモニターのように生じたとき, 表象は「意識的」になるのです。[7]

　この高階の思考という考え方は, 意識を研究し, 科学的アプローチを取る心理学者にとって画期的なものでした。なぜかというと, この定義では, 意識を高階の表象と第一階の心的状態のふたつに分けることで, 意識している状態と無意識の状態の異なりが非常にクリアになります。つまり, 自分が何を考えているか高いところからモニターしているとき, 私たちは何かに対して意識があって, そう

---

[7] グローバルワークスペース理論は, ある表象が意識に上るためには, その表象が他の表象からアクセス可能な状況に置かれる必要がある (これをバースは表象が舞台にのぼる, といった比喩で表している) としている点で, 高階の表象を仮定しません。意識化に高階の表象が必要かどうかは意識を取り扱う研究分野では重要な争点となっています。

第2章　意識の諸相　　33

いったモニターが働いていないときは無意識の心的状態であるということができるのです。そして，高階の思考を伴わなくても心的状態は成立するということができ，それが無意識の状態であるというふうに，無意識状態も定義することができます。

　意識の三段階モデルでは，ある種意識のレベルは連続的なもので，アウェアネスが伴うまで意識レベルが高まり，それが一定のレベルに達したときに言語報告ができるようになるとしていました。つまり知覚とアウェアネスを伴う認知のラインは曖昧で，その段階のどこかで無理やり分け「アウェアネスが伴った」と主張するという手順を踏まなければなりませんでした（第二言語習得研究においても，この後に紹介する「気づき仮説」で似たような定義を採用したために似たような批判が多く起こりました）。しかしこのモデルでは，「意識的・無意識的」状態は二分され，「高階の思考が伴い言語報告ができる，そのような状態が『意識の伴っている』状態である」ことを哲学的に考察することによって，[8]「言語化」の区切りを持ち出すことがなぜ妥当なのかを論じることができます（もちろん，「段階的ではなく二分的だ」と言うだけでは，本当に人の心がそのようになっているかどうかは保証されないので，ローゼンタールもさまざまな哲学的考察を行って，意識をそのようなものだと主張しています）。

　この「高階の思考理論」を用いた意識研究では，認知心理学的に説明するべき事柄を「その言語報告は本当にその報告した対象に対する『高階の思考』を反映しているのか」というものに焦点化します。

---

　[8] いちおう言語化できるかどうかという区切りが意識・無意識を特定する区切りとして適切であるということ自体は，脳にかかわる研究や認知心理学的な実験でも支持されていて，この議論を取り上げなかったとしてもさほど無根拠なものではありません。

34

　認知心理学者のゾルタン・ディエネス（Zoltan Dienes）は，この「高階の思考理論」を援用し，彼が関わる一連の研究の中で，人工文法習得の意識的・無意識的知識を見る際にこの「高階の思考」が反映されていることをさまざまな実験により実証しました（Dienes（2005）など）。そして「高階の思考」が伴っているか否か（＝意識的か否か）が，言語報告以外の行動にも表れ，それが統計的に示されるということを主張したことで，内省データ（自分の思っていることを報告してもらい，そこから引き出されたデータ）の分析にある程度の客観性を担保することに成功しました。つまり，単に「言語報告できる」というだけではなく，なぜその言語報告が意識を測定するものとして信頼できるかについて，客観的な指標を設けたことに彼の功績があるといえます。この点に関しては，人工文法習得を行う認知心理学への応用に関して紹介する際に，また詳しく説明します（第4章）。

　さて，この「高階の思考理論」の考え方は，その明快さから心理学でもよく言及される理論の一つではあるのですが，もちろん批判もあります。たとえば，「どうやって」無意識的な状態が意識的な状態に切り替わるのかが説明できていないという指摘です。意識的状態と無意識的状態の切り替えに関しては，「表象」の節における観念連合説批判でも触れた問題と同様，「誰がそれを行っているのか」という点が問題になります。この仮定が暗に意味しているのは，頭のなかに小人（ホムンクルス）が住んでいて，ディスプレイを覗くように個人の体験する世界を観ていて，その小人が意識に関するいろいろな切り替えを行っているというものです。この説明は直感に合うような気がしますが，いろいろ欠点があります。たとえば，その頭の中の小人自身は，どのようにしてそのような決定を行っているのかというと，その小人も意識を持たなければいけなくなって，小人の頭のなかにもさらに小さな小人を仮定しなくてはなりま

第2章　意識の諸相　　35

せん。そしてその小人の中の小人の頭にもさらに小人が … と，延々と小人を仮定しなくてはならなくなります。これを**ホムンクルス問題**と呼びます。

このような頭のなかに小人を仮定するモデル（哲学者のダニエル・デネットが**カルテジアン劇場モデル**と呼ぶもの）は，上のような説明を聞くと明らかにおかしいと直観的には思うわけですが，デネットによると，ほとんどの意識論がこのようなモデルを暗に仮定しているといいます。さすがに現代で，脳に物理的に小人が住んでいるという仮定をする人はいないでしょうが，「小人」がいなかったとしても，研究者たちは脳のどこかにすべてのものが集まって意識が出現する特別な場所を仮定しており，それが結局，小人のような意識の統率者を暗に認めていることに他ならないと，デネットは指摘します（Dennett (1991)）。しかし，脳神経科学からは，このように統率者のような中枢は脳内に存在しないと報告されており，実際にはただ並列的な処理システムがあるだけといいます。

デネットによると，この並列的に動くシステムのなかで，特定の方法でシステムに介入があったとき──たとえば，「何を意識していますか？」と尋ねられた時など──に，人は「あ，自分はこれを意識している」と，何を意識していたかを決定するとしています。つまり，そういった介入がある時点まで，何が意識の内にあって，何が外あるのか，そのようなものは分かりえないといいます（その考え方を受け入れてしまうと，もはや意識などは虚構で，私たちが何を意識しているかということを自分自身で作り上げてしまっているだけだという考え方になりますが，デネットはそれを受け入れた上での意識の研究方法も提示しています（Dennett (1991)））。[9]

---

[9]　確かにそんな気もするのですが，外国語を対象にすると，そのような説明では十分でないように思う状況に非常に多く遭遇します。何を意識していました

36

このような批判はあるにせよ，ディエネスがローゼンタールの
「高階の思考理論」を取り入れたことで，認知心理学の意識研究は
大きく進むことになりました。しかし，ディエネスとは異なる立場
で，古くから意識の機能の解明に迫ってきた心理学者たちは多くお
り，ここからは別のいくつかのアプローチを紹介していきます。高
階の思考理論の言語や心理学への応用に関してはまた次章で紹介し
ます。

2.3. 神経科学的なアプローチ

「意識」の研究というと，今や研究者ではない方々にとって，そ
の代表選手としてイメージされるのは，脳を対象とする研究ではな
いでしょうか。事実，脳を対象とする研究（「脳科学」とか「神経科
学」などと呼ばれる）者は，意識に脳の活動が関連していると考え，
さまざまな示唆を提示してきました。また，神経科学的アプローチ
による研究成果をもとに，哲学的な論考を展開する研究者も近年で
は多くいます。

すでに紹介したグローバルワークスペース理論などは，脳の神経
活動に応用され意識の機能を解明しようと発展してきている理論の
一つです。この理論を発展させてきたのは前述した提唱者のバース
と，その共同研究者の一人であるスタニラス・ドゥアンヌです。彼
らは実験で，多くの課題を参与者に課し，そして無意識的に課題を
行った場合と意識的に課題を行った場合を比較するというかたちで
その脳活動を観察していきます。たとえば何らかの課題を行う際
に，「意識に関するところだけは異なり，ほかの条件は全く同じ」

か，と聞かれても，これを意識していましたと言えるものもあれば，絶対に何を
意識していたか自分でも認識できないような状況が頻繁にあります。

という状況を用意し，それでも特定の行動中に脳の活動に違いが現れるのであれば，その違いは課題遂行における意識と無意識をつかさどる脳の活動の異なりを反映しているに違いない，というロジックです。

ドゥアンヌらの研究（Dehaene et al.（2006）など）が明らかにしたことは，たとえば以下のようなことです。すなわち，意識的な処理は言語報告可能であり，その神経基盤は主に前頭皮質，頭頂皮質などの皮質全体で処理され，一方で無意識的な処理は皮質内で局所的に行われているということ，また「無意識的処理」の中にも「前意識的処理」と「域下処理」という異なる処理があるということなどです。はい，なんだかよくわからない名前が多く出てきました。私もそんなによくわかっていません。ここで興味深いのは，意識的処理と無意識的処理は，その行動パターンが異なるだけではなく，脳において情報が処理される部位が異なるということです。また，無意識的処理とひとくちに言っても，そのなかには，注意されれば報告可能になるような処理（＝前意識的処理）と，注意を受けても全く言語報告ができない，しかし確かに何らかの無意識的な処理が行われているとしか考えられないという状態（＝域下処理）があり，しかも，それもまた脳の活性部位が異なるということです。

また，意識の内容が変化すると同時に神経活動がどのように連関して変化するかを調べるために，たとえば次のような図を使って実験を行うことがあります。

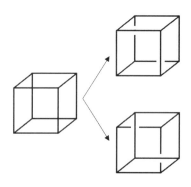

これは多義図形といって、一つの図なのに二種類以上の見え方が可能なものです。この多義図形は「ネッカーの立方体」と呼ばれるものですが、このほかには「ルビンの壺」などが有名です（ネットで調べてみれば、見たことがある絵が出てくると思います）。さて、これをじっと見ていると、あるタイミングで見え方が変わる瞬間があります。そして、脳活動を計測しつつその見え方の変化のタイミングを実験参加者に報告してもらいます。これによって、図形の見え方という主観的な意識内容の切り替わりのタイミングと、それに対応する脳活動の対応を特定するのです。

　これらのような、意識と脳の反応を対応させて観察していくタイプの研究は、**意識と相関する神経活動**（Neural Correlates of Consciousness: **NCC**）研究と呼ばれます。NCC は、それをさまざまな活動を用いて明らかにすることで、意識を深く追求することができる、意識研究にとって有効なアプローチだと考えられています。

　ただし、NCC のアプローチに対しては（もちろんどのアプローチに対してもですが）批判もあります。まず一つ目は、意識と対応する神経活動が明らかになったとしても、やはり意識がニューロンという物質的なものからどうやって生じるのかについて説明ができない、つまり意識のハードプロブレムに答えが与えられないという

ものです。二つ目としては，ある課題中に脳がどういう挙動をしているかがわかったところで，それがどういった処理を実行している結果であるかは特定できないというものです。つまり，脳にある物理的な作動が観察されても，その中でどのような処理が起こっているかは複数の候補を出すことができ，そのなかのどれが実際に脳内で採用されているかがわからないということです。実際に認知心理学でもずっと昔から，ある行動が生じたときに，どのようなプログラムが頭の中で実行されているかということを推論し説明する理論やモデルは大量に提案されてきましたが，実際にどれが正しいのかは論争が収束していないものがたくさんあります。脳のデータを使えば，これまで「行動」を観察するしかなかったところに生理的データという新しいタイプの証拠を加えることができるのですが，その上でいったい何が起こっているか検証するという推論過程は，行動データを観察していたときとそれほど大きな違いはありません。このようなことから，脳を観察したからといって森羅万象が明らかになるというわけではなさそうです。しかしもちろん，これまでわかっていなかったことを新しいデータで明らかにしていくというNCC研究自体には大きな意味があります。

　また最近注目を集めている神経科学から提案された意識の理論として，「**統合情報理論（Integrated information theory）**」というものがあります（日本語でアクセスできる包括的な記述としては，マッスィミーニ・トノーニ（2015））。統合情報理論の根本的な命題は，「ある身体システムは，情報を統合する能力があれば，意識がある（p.111）」というものです。マッスィミーニとトノーニは，思考実験をつかってこの理論をわかりやすく説明しています。思考実験の概要は以下のようなものです。

　実験の参与者は，部屋が暗くなったら「闇」，明るくなったら「光」と報告します。それと同時に，部屋には光に反応するフォト

40

ダイオードが置かれており，「闇」「光」と，参与者と全く同じ反応
をするとします。このとき，参与者とフォトダイオードは全く同じ
反応をしましたが，両者に意識があったといえるでしょうか。おそ
らく誰もフォトダイオードに意識があるとは言わないでしょう。

さらに実験は続くのですが，こんどは，光の色が赤になったり青
になったりします。また，部屋の部位によって異なる色が投射され
るなど，いろいろなパターンの照明が使われます。ですが被験者が
行うように伝えられているのは，部屋が暗くなったら「闇」，明る
くなったら「光」と報告することだけです。被験者は戸惑いながら
も，言われた通りの反応をし続けます。フォトダイオードは光に反
応するだけなので，当然全く同じ反応をし続けます。このとき，は
たから見ていれば参与者とフォトダイオードはやっぱり全く同じ反
応をしているわけですが，はたから見ていたひとは両者に意識が
あったというでしょうか。フォトダイオードには意識があったら生
じそうな迷いも全くなかったわけで，やっぱり，意識があったとは
言えないでしょう。

この思考実験からマッスィミーニとトノーニが述べるのは，人間
である実験参与者は「光」とか「闇」と報告するときは，その他の
無数の選択肢があったにもかかわらず，それをせずに「光」とか
「闇」と報告し続けたのに対し，フォトダイオードは「光」か「闇」
と報告するという選択肢のみを実行し続けたという違いです。マッ
スィミーニとトノーニは，情報の量は「ある事象が起きたとき，そ
の事象に代わって起こり得たのに起こらなかったことの数が大きけ
れば大きいほど多い」という，数学者クロード・シャノンの言葉[10]

---

[10] この「情報」の話は，つきつめていくと数式が大量にでてきてつらくなって
くるのですが，戸田山和久著『哲学入門』では，数式を使いながらも，私のよう
ないわゆる「文系」の人間でもすこしずつ読んでいけば何とか理解できるくらい

を引いて、おびただしい数の選択肢を排除するという豊富な情報量に支えられて、意識が成り立つという主張をしています。また、たとえばデジカメのように、個々の場所がそれぞれ異なった働きをしていて、全体がただそれの集合というシステムには意識は宿らないと考えます。このような構成では、ひとつの刺激（たとえばボタンを押す）に対して、限られた結果（写真を撮る）しかもたらさないからです。しかし脳は、構成部位のさまざまな部分で偶発的なものも含む相互作用を起こし、その結果として、一つの刺激に対しておびただしい数の選択肢を持つことになります。つまり意識が生み出されるには、すさまじい量の情報が「統合」されている必要があるということです。

　これは大変画期的な考え方で、脳という物質からどうやって意識が生じるかというハードプロブレムに対して神経科学からある程度の解答を試みる野心的なアプローチであると言えます。

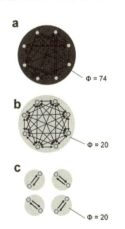

図4. 要素ネットワークとその情報量（ϕ）の図。aのようなシステムは情報量が高く、bのように、構成部位のさまざまな部分で偶発的な相互作用を引き起こすものは情報量が高く、逆に要素が同じ数でもすべての要素が結合しているものは情報量が低くなります。また、cのように個々の場所がそれぞれ異なった働きをしていて、それを合わせただけのものは情報量が低くなります（Tononi（2004）から転載）。

にとてもわかりやすくまとめられていたのでご参照ください。

2.4. 無意識の行動から意識を探る

　意識を研究する難しさの一つは，捉えたかのようにみえて本当に捉えられているのかわからない，という点にあります。意識内容を探るときに頼らざるを得ない「こんなことを考えていました」という内省も，その内容は本当に正しいのか，といった疑問がつきまといます。

　このような疑問を突き詰めていくと，「無意識」にしてしまう行動に着目するほうがもっと扱いやすいのではないかという発想に至ります。これは意識に迫る一つの有用なアプローチです。

　いうなれば，無意識は本人が意識したという自覚もない状況での「反応」です。意識はその性質上，主観的な領域をどうしても含んでしまうので，主観的な経験はその人に取ってかわらない限り理解できないかもしれません。しかし無意識におこる「反応」ならば，より客観的に測定できて，科学の対象としては扱いやすいかもしれません。実際，無意識の反応というのは，意識的な反応よりかなり機械的で，自動的で，だからこそ客観的に観察できるとされ，認知心理学の多くの研究者はこの方法をとってきました。意識は主観的であって，その意識があるから私たちは自分たちが「自由」にふるまっていると信じることができます。そして意識があるからこそ，私たちの思考は複雑なのです。だから必然的に，行動を予測するのも難しくなります。その点，「無意識」ならば，なにかの仕掛けによって一定の反応が取り出せるかもしれません。このような方向性をとり，無意識を先に明らかにすることで，ひいては意識の本質を探ろうという研究は多くあります。そして，無意識に切り込んだ研究は，事実として意識研究に多大なる知見をもたらしてきました。

　このような研究をどう進めていくかというと，以下のような手順を踏むことになります。たとえば，無意識に作動する知識があるか

第2章　意識の諸相　　43

どうか，ということが見たければ，無意識に作動する知識があったときにしか起こらない行動を対象にして，その反応が起こるかどうかを実験によって確認します。「妖怪が近くにいたら必ず髪が立つ」という性質があったら，「髪が立ったから妖怪がいるんだ」と推論することができます。このような実験に際して注意しなければならないのは，「髪が立つ」ことを引き起こす他の要因をすべて排除しなければ，この推論は成立しないということです。「インフルエンザにかかると熱が出る」という現象が正しくても，「熱が出たからインフルエンザだ」と言うことはできません。熱を引き出す他の病気はインフルエンザ以外にもたくさんあるからです。

　無意識に作動する現象の例を一つ挙げてみましょう。たとえば，カフェで誰かとしゃべっていて，あなたが何か言葉を発したときに，隣のテーブルの人がついさっき使った単語と同じ単語を思わず口走ってしまった経験はないでしょうか。あなたは，その隣のテーブルの人の言葉が耳に入ってはいたのですが，はっきりとそれを意識したのは自分がその単語を口走ってしまった後だったりします。

　この現象は単語だけではなく，文法の広い範囲で起こることが研究でも証明されています。たとえば「太郎が花子に殴られた」という文を聞いたあとならば，「幸子が次郎を非難した」と「次郎が幸子に非難された」を比較すると，後者のほうが口にしてしまう確率が高くなります。最初に聞いた文は受身文でしたが，その後，意識せずとも，受け身文で話してしまう確率が増えるのです。これを，心理学用語では「プライミング効果」といいます。カフェで友人と喋りながら，「いまアイツ受け身文つかったから私も受け身で話そう」などとは普通考えないので，つまりこれは受け身文を使って発話をしようと意識していないのに起こる現象です。

　私が昔行った研究（Fukuta et al.（2017））ではこの方法と以下のような文を使って，日本語を第一言語とする英語学習者の無意識的な

言語使用の性質を明らかにしようとしました。

(1) The FBI agent noticed the window on the wall with the crack.
(FBI 捜査官はヒビの入った壁についた窓に気がついた)

(2) The dogs watched the bird on the tree branch with yellow leaves.
(その犬は黄色い葉のついた木にとまった鳥を見た)

(3) The tourists admired the painting of the valley on the wall.
(その旅行者は壁にかかった谷の絵を賞賛した)

(1) は曖昧文です。曖昧文というのはこの場合どういうことかというと，ヒビの入っているのが壁なのか窓なのか，前置詞句の解釈次第でどちらの意味にもとれる曖昧な文である，ということです。この文の解釈が，(2) と (3) の文を読ませた後で違うかという実験を行います。(2) と (3) はどちらの文章も前に示した FBI 捜査官の文の単語を入れ替えただけで，表面的には同じです。しかし前者は，「葉のついた木」という解釈しかできない（「葉のついた鳥」は意味的におかしい）一方で，後者は「谷の絵」としか解釈できない（「壁の谷」はおかしい）ものです。つまり英語でみると，前者の文の前置詞句は右側の名詞を修飾していて，後者の文は左側の名詞を修飾しています。この文のどちらかを読んだあとに (1) の文を読んだらどうなると予測できるでしょうか。先に述べたプライミング効果が表れれば，前に読んだ文と同じ構造で読むと考えられますので，前者を読んだ後ならヒビが入っているのは壁のほうになり，後者を読んだ後ならヒビが入っているのは窓として解釈する確率が高まると考えられます。さらに，事前に読んだ文と類似した構造を読んでいるときは読むペースが速くなり，異なる構造を読んだ場合

は読むペースが遅くなるといったことが考えられます。

　大切なことは，プライミングの反応が見られるには，上のような複雑な文の「構造」に関する何らかの知識を学習者がもっている必要があるということです。何も表象を持っていないのなら，プライミング効果により片方の表象が活性化され，結果として片方の読みが解釈しやすくなるなどということは起こらないはずです。つまり何の知識もない場合，読みの解釈はプライミングがあってもなくても変わらないはずです。そして文の読み手は第一言語話者であれ第二言語話者であれ，ふつうひとつひとつ文を意識的に分解して「お，さっきは右側の名詞を修飾していたから今回も右側の名詞を修飾しているって読み方で読もうっと」などと考えながら読むようなことはしません（そういう分析的な読み方を楽しんでしまいそうな言語学専攻の学生は実験から除外されています）。もしプライミング効果があれば，この反応は無意識的なものだと考えられます。

　もちろん，読む人が違えば反応は変わる可能性がありますし，人はプライミング以外の要因によって解釈を変えたり，読む速さを変えたりすることがあるかもしれません。そのため実験においては，結果に影響を与える可能性のある余計な要因をできるかぎり統制し（たとえば難しい単語や難しい構文が片方の条件に偏らないようにする），また多くの実験文・施行や大人数での実験を行うことで「場合によって異なる」要因をできるかぎり小さくし，さらに統計的手法をつかって不必要な要因の影響を排除する（この場合，出てくる文の順番の影響を排除したり，習熟度によって現れる一貫した誤差を修正したりすることが考えられます）などの工夫をすることで，研究者は可能な限りこのような実験結果の妥当性を高める努力をするのです。

　この実験の結果として，日本語を第一言語とする学習者にはプラ

46

イミング効果がみられましたが，英語ネイティブほど強い効果がみられないという結論になりました。つまりこれは，学習者はこの知識を持ってはいてもネイティブほど頑健ではない，ということを示唆しています。この結果の興味深い点は，上のような曖昧文の解釈は，学校で習ったりはせず，あまり日常生活でよく見る構造でもないのに，ある程度無意識的に用いることができるような知識を持っているということです。つまりこれは，習ってなくても使える言語規則の例のひとつだと考えられます。

　このように，無意識の反応を見ることで，意識の性質を探ることができます。ここで紹介した研究は意識の働きについて多くの知見をもたらしてきましたが，一方で，やはり無意識の研究で意識の機能のすべてが明らかになることはありません。無意識的な反応を見ることも，主観的な内省報告（「私はこの時こう思った」というタイプの自己報告のこと）も両方やる研究者がおり，それぞれの知見を補いあいながら少しずつ意識研究が発展していっているといえます。

2.5.　社会的観点からみた意識

　ここまでは，脳とか神経とか，かなりミクロな視点から意識をとらえようとしてきましたが，意識を社会的な視点から論じる研究者も少なからずいます。かの『資本論』を著したカール・マルクスも実はその一人です。

　マルクスは，エンゲルスとともに精神の弁証法的唯物論を唱えました（マルクス・エンゲルス (1845–1846/2002)）。人間は生活の様式やシステムの影響を受けるため，意識は他者との関係性のなかで形成されるといいます。つまり自身の意識，そして信念なども，社会的なコミュニケーションにより規定されていて，自分で考えているこ

第2章　意識の諸相　　47

とも社会的な影響から逃れることはできないという主張です。これは，人間が社会の中でどのように影響を受け，その結果としてどのような意識が生じ，行動が生じるかということを論じたものと言えます。

　この記述は心理学で扱うところの「意識」とは一見かけ離れているようにみえますが，マルクスの意識論はその後心理学にも取り入れられて発展を遂げることになります。有名な例が，ソ連の心理学者レフ・ヴィゴツキーの文化–歴史的発達理論です。ヴィゴツキーは意識研究を心理学の中心的議題として挙げており，人間の心理的発達は，社会的に規定されていて，かつ環境に能動的に適応しようとするプロセスの中で起こるとしています。そのうえで，ヴィゴツキーは言語の発達に対する「媒介的役割」——つまり，言語を使って人が認識を発達させていくさまを描写しています。

　ヴィゴツキー（1934/2001）によると，子どもが最初に獲得する言語的思考は「生活概念」であるといいます。この概念は，子どもが普通に生活する中で，経験を通して自然発生的に獲得する概念です。このような社会・文化的な場面では，子どもは利用可能な道具（artifact）としての言語を媒介として用いて，他者からの支援を受けながら徐々に知識を自分のコントロール下に置けるようになっていきます。

　ヴィゴツキーが，当時の心理学の通説を批判しながら主張したのは，子どもは大人と同じような言葉を使い，コミュニケーションを行うことができるにもかかわらず，大人と子どもの思考の様式は全く異なるということでした。子どもが経験を通して自然に身に着ける生活概念とは違い，大人の思考の基となる科学的概念は，子どもがまだ到達していない発達水準から，教授–学習の過程のなかで，そして大人である教師との共働のもとで形成されます。この子どもの発達段階と，教授により到達可能な段階の差が**「発達の最近接領**

域」と呼ばれるものです。

このヴィゴツキーの理論は，その後第二言語習得研究にも応用され活発に研究が行われるようになります（たとえば Lantolf and Thorne (2006)）。ただ私の読む限りでは，第二言語の知識がどういった概念に位置づけられるかという点に関して第二言語習得研究者の中でも曖昧なように思えます。ときには生活概念のプロセスによって第二言語習得が説明され，ときには科学的概念の習得の説明に用いられる概念が第二言語習得プロセスの説明に使われたりしています。ちなみにヴィゴツキーの代表作『思考と言語』では，ヴィゴツキーは随所で第二言語の知識を「科学的概念」として扱っています。[11] その理由は，ヴィゴツキーは言語学習に関して「子供は母語を無自覚的・無意図的に習得するが，外国語の習得は自覚と意図から始まる」（上掲 p. 319）と述べていることです。このことからも明らかなように，彼は「母語は生活経験の中から無意識的に習得され，外国語は教授される中で意識的に習得されるものである」という対応関係を前提としています。しかしこの前提は，本書がここまでも述べてきたように，現在でも手放しに有効であるとは言い難いでしょう。

また，このヴィゴツキーの思想は，第一言語の習得を通して概念の獲得は完了しており，その概念は言語にかかわらず同一だという前提に基づいており，さらに外国語の学習は，その概念に第一言語の形式を対応させるだけの作業だとみなしています。西口 (2013) は，このヴィゴツキーの外国語習得観を描き出したうえで，「第一

---

[11] 特にその記述は『思考と言語』の第六章に詳しいですが，たとえば第六章冒頭でヴィゴツキーは科学的概念と外国語の習得過程が類似していると指摘したうえで「この類似は，われわれが主張する科学的概念の発達の仮説的路線は，体系的教育を発達の源泉とする発達過程のより広範のグループの一特殊例に過ぎないことを明確に示す」(p. 319) と述べていることからも明らかです。

言語の意味の体系を基礎とした新たな信号の獲得の路線を描いているにすぎない (p. 74)」と厳しく指摘し，これはヴィゴツキーが第二言語習得に対して関心を寄せていないためであると述べています。このような習得観は本書でも随所で批判的に考察しますが，ヴィゴツキーの理論を第二言語習得研究に応用するにあたっては，これらの点も考慮しながらさらに注意深い考察が必要と思います。

　やや抽象的で難解な話になってしまいましたが，ここでのヴィゴツキーの功績というのは，心の中で起こっていることや概念（つまり意識内容）は，あくまで個々人の中で形成されると考えられていた時代の心理学に，マルクスのような歴史-社会的観点を持ち込んだことにあります。現在の第二言語習得論においてヴィゴツキーの理論が第二言語習得現象を説明することに成功しているかはともかくとして，個人を取り巻く社会的活動や生活過程が意識に上る内容の構築に影響を与えており，言語（およびその学習）と意識内容はこの後に述べていくように非常に密接に関連しているという点で，この考察は極めて重要と考えることができます。

　また，前節の神経科学的なアプローチと，社会的アプローチによる意識やその発達を見る研究は一見真逆で交流がなさそうな印象も受けるかもしれませんが，意識は個人内と個人間で複雑に相互作用しながら形成されるものです。また，脳は集団生活の社会環境に適応するために進化したとも言われており，近年では，コミュニケーションを通した利他的な行為や共感など，社会的な視点からみた意識内容がどのように脳内に表現されているかを探究する研究もあります。

2.6. 意識と身体

　古くからあるタイプの神経科学研究や実験心理学の研究にみられ

50

るように，意識は長らく身体の中から脳を取り出して（物理的に取り出すのではなく，そこにのみ注目して，という意味です，念のため）研究されてきました。しかし，意識を系統発生的にみると，意識は身体と深くかかわりがあると考えられています。たとえば何か外部の情報を得てそれに対処する，つまり危険であったらそれを避けるべく行動し，さらにそれを学習することで自分の行動を修正していくプロセスの中で，意識が創発されるというものです。確かに，ロボットが自分の身体を存続させる術を学んだとして，たとえば大きなハンマーを持った男が自分の目の前に現れて自分を壊そうとしたときに，逃げ回ったり「助けて！」と叫んだりすると，それを見ている人たちはそのロボットには意識を感じざるを得ない気がします。自身の生存のために自身の置かれている状況に対処すべく行動して，自らの行動を修正していくという発想から知能を創発させるという「身体性認知科学」と呼ばれる研究分野もあります。

　身体の状況が意識に影響を与えるという研究も心理学でも古くからあります。ある実験（たとえば Valins (1966)）では，大学生の男たちに，女性の写真を見てもらって，そのとき同時にその女性がどれくらい魅力的かを評価してもらうという実験を行っています。この実験の面白いのは，その時の自分の心臓の音を拾って，イヤフォンで聞いてもらいながらこのような実験を行ったところです。実はこの心臓の音は研究者によって操作されていて，勝手に脈拍が速くなったり遅くなったりします。でも実験参加者の大学生たちはイヤフォンから聞こえてくる音を自分の心臓の音だと思っているのです。実験の結果は興味深く，脈拍を速くしたときのほうが，大学生たちはその時見ていた女性を「魅力的である」と評価する傾向があった，とのことでした。心臓の音は本人とは関係なく研究者によって変えられているので，この結果は本人の情動と関係なく，しかし身体の状態を自分自身が誤認することで意識内容が変わること

第2章 意識の諸相　51

を示した実験だと言えます。

　こういった研究は調べるとたくさん見つけることができます。もう一つの例（Schachter and Singer (1962)）では，実験参加者にホルモン（アドレナリン）を注射して，参加者たちに楽しいシチュエーションと不快なシチュエーションを体験させるということを行っています。被験者はアドレナリンの影響で心拍数が上がったり汗ばんだりしているのですが，これ自体は気分をハッピーにさせたり怒らせたりする効果はなく，あくまで身体的な変化を起こすものです。しかし，楽しいシチュエーションを体験した参加者は，そういったホルモンを一切注射されていない学習者より楽しみ，不快なシチュエーションを体験した参加者はより激しい怒りを感じるようです。これも，外的に操作された身体的な変化に呼応して意識が変化している様子を示しています。

　神経科学者のアントニオ・ダマシオは，感情を経験するための脳の一部を損傷して感情の起伏がなくなってしまった患者が，合理的な意思決定ができなくなってしまった例などを挙げ，身体的な情動とその心の反応である感情が意思決定に大きくかかわっているというソマティック・マーカー仮説を提唱しています。われわれは怖いからドキドキしたりするのではなく，ドキドキしている状態変化が生じ，それを知覚して怖さを感じるということです。これも，身体的な反応に対する快感や不快感を身体が記憶していて，たとえば不快なものは避けようとする働きであり，上記の生物の系統発生的な話とかかわってきそうです。このように，身体と意識はかなり密接にかかわっているといわれています。

　言語に関する意識と身体性については，言語学者のジョージ・レイコフが論じ，その後「認知言語学」の一潮流として研究がなされています（認知言語学にもとづく習得論に関しては次章でも詳細を説明します）。レイコフは，従来考えられてきた，思考とは抽象的

記号の機械的な操作であり，ある概念を構成する際に身体とそれに基づく認知能力は無関係であるという考えを強く批判しています (Lakoff and Johnson（1999）など）。レイコフによると，言語の使用に必要な感覚運動的（sensorimotor）システムは，身体的経験を通して形成されるといいます。人が抽象的な概念をもつことができるのも，この感覚運動的なシステムのおかげです。具体的にはレイコフは，身体経験に直接的に結びつかない，抽象的な概念は，メタファーを媒介にして意味づけされ意識に上ると述べます。つまり，愛や時間，出来事と原因，心など，すべての抽象概念の理解は，感覚運動的システムに基づくメタファーが下支えすることで成り立っていることを指摘します。

メタファーとは，「人間は考える葦である」みたいな比喩的表現のことです。レイコフの主張は，私たちは感覚運動システムを通して，位置関係を把握したり，動作を認識したりでき，その認識が言語にも反映されているというもので，さらにそれをメタファー的に拡張することで抽象的な思考が可能となるというものです。レイコフは，比喩なしではどのような抽象概念も説明できないといいます。たとえば，上下，前後といった空間的位置関係は感覚運動的に把握されるもので，それに付随するイメージ（たとえば「上」はハッピー，「下」は残念，「前」は優れている … といった感覚）は，空間概念を比喩的に拡張することで認識されます。この辺りの話は認知科学と哲学の重要なインターフェースとなっています。

身体と言語のメタファーを通した関わりにおいて引き合いに出される代表的な例としては，「時間」が挙げられます。時間という抽象的な概念は，空間という具体的な感覚を通して理解されます。たとえば，「前に見たことがある」というようなときに使う「前」は，本来は空間を表す語ですが，その拡張として時間を示す表現に用いられています。「時間が短い」という場合の「長い／短い」は，本来

は距離を示す空間的な表現です。このようなことから，時間も空間の認識を拡張して初めて認識されるといわれるのです。

ところで，ちょうどこの本を書いているとき，大学生とこの話になりました。英語で If I were a bird, I would fly to you. のような非現実を表す「仮定法」は，そんなことは起こらない，という現実との距離を，過去形という「現在からの距離」によって表しています。このことは私も知っていたのですが，日本語で仮定をするときも「もし私が鳥だったら」というように，過去の形が入りますね。この共通点には私はこれまで気づいていませんでした（塾でそう教わったりする人もいるようです）。このようなメタファー的拡張すら，私は英語では意識していたのに，日本語では無意識的に使用していたということです。

そして次章の認知言語学の説明で示すように，物事をその特徴に応じてカテゴリ化できるのも，身体を基本的な媒介とした経験によって育まれたこの感覚運動的システムのおかげであるといいます。このようにして，言語にかかわる意識と身体は密接な関係を持ちます。

図5. 私たちがたとえば恋という抽象概念を理解する際には，「熱」，「病」という身体的に把握される概念，さらには「舞い上がる」，「引き合う」といった空間的イメージを比喩的に拡張し，その結果として「恋とはこういうもの」と認識します。

さて，本節では身体と意識の関連性について書いてきました。こ

れらのことから，外国語学習にはどのようなことが言えるでしょうか。ここから導き出されるのは，「意識は身体と関わっているのだから，とにかく身体に刷り込まれるくらい訓練を行うべきである」という軍隊的な活動の提唱ではありません。むしろここから得られるのは，そもそも言語とは人間にとってどのようなものであるか，という問題提起だと思います。そしてここで認識されるのは，私たちは，「身体」を媒介にして世界を動き回った経験を通して，世界の見方を学び，そして言語を使用しているという事実です。言語は社会や身体と不可避的に密接に結びついているため，それを無視して言語が充分に意識内容に乗るわけではない，（つまり十全に学習されるわけではない）ことを，これらの論考は私たちに教えてくれるのではないかと思います。

2.7．フレーム問題

映画スターウォーズシリーズで，多言語を理解し，人間とコミュニケーションをとる「R2-D2」という人工知能ロボットが登場します。この作品の中で R2-D2 は，相棒の C-3PO と意見の相違から喧嘩をし，攻撃されたら悲鳴をあげ，また主人公らがピンチに直面した時に，身を挺してその解決にあたります。さらにスターウォーズのエピソード 7 から登場した同様のアンドロイド BB-8 は，その可愛らしさが世界中で人気を博しました。作中の R2-D2 や BB-8 は，ほとんど人間と同じように心をもっているように見えます。

フレーム問題とは，このような人工知能をもつロボットが「思考」して適切に行動する際に直面する問題として挙げられるものです。この問題は，ロボットは起こる可能性のある出来事の中から，さまざまな事柄を考慮し，それ以上の無関係の事柄を無視しないと適切な行動はとれないのに，それらを考慮していると無限の時間がか

かってしまうという問題です。この問題は，ダニエル・デネットが以下のようなショートストーリーを創作してわかりやすく説明しています (Dennett (1984))。

ある日，自力で生きていくことを課題とした R1 というロボットが作られました。R1 はある日，自身が生きていくために必要な予備バッテリーが，鍵のかかった部屋の中に今にも爆発しそうな爆弾とともに置かれていることを開発者から知らされます。R1 は自身の持つプログラムを実行して，鍵を使って部屋に入り，バッテリーを部屋から台車で持ち出しました。しかし，台車には爆弾が置いてあり，R1 はそれを認識していましたが，ワゴンを持ち出すとバッテリーと一緒に爆弾が持ち出されるという，いわば副次的に発生する事項までは推論ができませんでした（デネットの論文には R1 のその後については明示的には書いてなかったですが，R1 は爆発してしまったのでしょうか）。

開発者は，「まあそうだろうな，次はその行動がどのような結果を導くかとか，その副次的な結果まで考えるロボットを作らないと」などと考えて，そのようなロボット R1D1 を作りました。R1D1 はまたプログラムに従って部屋にたどり着き，次にとる行動によってなにが起こるか考え始めました。R1D1 は，ワゴンを運び出しても壁の色が変わるということはないだろう，という推論を終えて，ワゴンを引いたら車輪が回転して，その結果何が起こるかという計算を始めた時に，爆弾が爆発してしまいました。

開発者は，これは関係ある結果と関係のない結果の違いを教えないとダメだと考えました。そうすると確かに関係のない結果は計算せずに無視することができ，少しうまくいきそうです。そして，R2D1 というロボットを作成しました。そして R2D1 に同じことをさせると，今度は全然動かない。「おいなんかしろよ！」というと，R2D1 は，「いま関係ない何千もの結果を無視するのに忙しい」

という報告が返ってきました。その結果，爆弾はまた爆発してしまいます。

つまり，ある状況には無限の要素が含まれていて，その中で適切な行動をとるという R2-D2 のようなロボットを作成するのは極めて困難であるということです。通常，人間は何らかの方法で関係のない因果推論は無視できるため（注意が向かない，意識されない），これらのロボットのように行動不能に陥ることはありません。しかし，人工的に行動をプログラムされたロボットにとっては，それはとても難しいことなのです。このことは，行動は計算によって導き出された最適解の結果であるとする「形式主義」とよばれる思想の限界点として指摘されます。

これは，限られた枠組みの中で，考慮すべきことがあらかじめ限定されていない限り起こる問題であるといわれています。

図5. 有限の処理能力しかないロボットには，フレーム外の現実に起こりうる問題すべてに対応することは難しく，逆に言えばきわめて限られた空間内であれば，ロボットはプログラムに沿って動くことである程度うまく作動します。チェスや将棋を指すといった行動を人工知能が得意とするのはそのためです。

このフレーム問題は人工知能の研究でも未だ解決されたとは言えない問題ですが，少なくともこれまでの人工知能研究に足りない点と，そこから導き出される解決の手掛かりが示されています。まず，脳内の処理は「こうなったときにこう対処する」という規則の単なる集合ではないということです。それを解決するためには，行動主体がその環境の中に分け入って，利用可能な情報を直接取り込

第2章 意識の諸相　　57

んでいかなければなりません。つまりフレーム問題に陥らないためには，ロボットは自らを取り巻く環境を知覚し，環境が持つ情報を取り込むことで自身の行動を決定していくというシステムを仮定する必要があります。この場合ロボットの行動は事前にプログラムされた規則の出力ではなく，環境との相互作用の事後的な結果ということになります（これは，次節で扱う「コネクショニズム」的な考え方にも繋がります）。

　このフレーム問題は突飛な話に聞こえるかもしれませんが，実は私たちがコンピュータを揶揄するような話をするとき，暗にこういった問題を認識しているような気がします。たとえば仕事場で，「言われたことだけしかやらないなんて，コンピュータじゃないんだから」と上司が部下を叱る，というような具合です。これは，ロボットはプログラムにある限られたことならできるけれども，それ以外のことができない，またはやろうとすると問題が生じるということを，人工知能について詳しく知らなかったとしても私たちは自然と理解していて，それを皮肉として用いている例といえます。規則に従って行動する結果，人間の主体性が奪われるということは，社会学では「脱人間化」や「非人間化」と呼びますが，そのような現象は社会の至る所にみられます。

　外国語学習に視点を移すと，従来より言語の指導は，まず教室では「今日の文法」というような形で特定の言語規則が提示され，それを使えるように練習するという形式を取ることが多いようです。しかしこういった指導法が近年，応用言語学者によって批判されつつあります（Long (2015)，日本の文脈においては松村 (2012, 2017) など）。その批判の内容は多岐にわたりますが，ここまでに記述してきた内容に関連する部分としては，主に次のことが指摘されています。

　すなわち，最初に「今日の文法事項」というかたちで文法ルール

が教えられ，それを使った言語産出を訓練するのみでは，たとえその産出訓練がコミュニケーションの形式をとっていたとしても，教師も学習者もその日に教えられた文法が（正しく）使えているかどうかばかり注意してしまいます。しかし日常的な言語使用を考えると，この文法を使うためにこういったことをする，という手順を踏むわけではなく，自分の表現したいことを適切に表現するために，自分で言語的な規則を選んで使用しなければなりません。この際に，文法をひとつひとつ積み上げ，それが用いられる特定の状況でのみ練習を繰り返すというのは，限られた状況でしか学習したことを生かすことができません。またこのような機械的な知識の教授は，一定のパターン化した思考や行動を強いることに他ならず，個々人が主体的に社会に参画してその発展に寄与するといったような教育の根幹と矛盾してしまいます。

　外国語学習を考える際には，何かと知識を得るための効率といった点に関心が集まりがちですが，上記のようなさまざまな点を考えると，あまり考えられてこなかった問題点が浮かび上がってくるように思います。

　規則を教えて，それをトップダウンに活用させることの限界点——フレーム問題は，限られた環境で限られた行動しかできないロボットと，主体性をもって社会に生きる私たちの違いを考えさせてくれ，そういった形式が持つさまざまな現象の原理的な問題点を提供してくれます。

2.8. コネクショニズム

　規則を教え込んでそれをトップダウンに活用させるタイプの，いわゆる**形式主義**にもとづく知能が抱える問題点は上記した通りですが，それでは，取り入れられる情報をもとに規則を自分で作って問

第2章 意識の諸相　59

題解決に生かすことができたらどうでしょうか。これは形式主義からみるとまさに逆転の発想です。このように，人間がプログラムですべての規則を教えずとも，自ら学習する機能をコンピュータに与える技術を「機械学習」といいます。機械学習は，人間や動物のような知能体が行っている学習と同じものをコンピュータで再現しようとする試みの中で，80年代に盛り上がりを見せました。その後一時衰退しましたが，近年新しい視点を取り入れて再び注目を集めています。最近ニュースなどでよく見るようになった「深層学習（deep learning）」も，この機械学習のアルゴリズムの一種です。近年では，この機械学習の考察なくして意識論や心の哲学の議論が成り立たないほど，存在感を示す研究分野となりつつあります。

　機械学習の技法にニューラルネットワークというものがありますが，これは人間のもつ神経細胞（ニューロン）をモデルにしたものです。このモデルによる人工知能は，情報の入力（人間的に言うと，見たり聞いたりといった外界からの経験を通したデータの受け取り）がなされると，その情報を受けて，疑似的な神経細胞が結合の強さ（シナプス荷重）を変えていきます。ニューラルネットワーク自体は隣接する神経細胞の出力を受けて，それが一定の強さを持っていたら次に出力するという単純な構造により成り立っているものですが，何度も情報を与えてそれらの処理を幾度となく続けることで，試行回数が増えるごとに反応が「正解」に近づくように，徐々にその結合の強度を調整していきます。これは「ヘッブの法則」という人間の脳が学習を行う際の脳のメカニズムを模倣しており，これがニューラルネットワークにとっての「学習」となります。この知能は，学習初期では間違いを犯しつつも，徐々に学習を進めていき，その結果としてさまざまな「知識」を獲得します。このようなニューラルネットワークモデルに基づき，知能体を実現する立場を総称して**コネクショニズム**といいます。ニューラルネットワークは

シンプルなモデルですが，そのネットワークの作り方を複雑化させ，多くの情報を持たせることで，現在ではそれらが深層学習といった技術に応用されています。

初期のコネクショニズムは，ニューロンとその学習法則をコンピュータ上に疑似的に作り出すという点で人間の脳のメカニズムに着想を得たものであったのですが，当初はそれほど脳の機能と類似していたわけではない数学的なモデリングだったようです。その後いろいろな問題点が浮上して，脳をモデリングして意識を持つようなロボット，いわゆる「強い AI」を作ることは困難であるとわかり，コネクショニズムは一時下火になりました。しかし，人間の脳機能が解明されていくに従い，その知見を参考にして再び改良がなされ，近年また AI 分野においてコネクショニズムの考え方を用いた研究が活発になりつつあります。

コネクショニズムは，多くのニューロン（人工知能の場合「疑似ニューロン」）の相互作用の結果として言語活動を含む行動が行われると考えます。ニューラルネットワークは，局所的に見るとやっていること自体は単純なものなので，各部分がそれぞれどのような状態であるかを記述することはできます。しかし，その個々の単純な振る舞いが全体としてどのように特定の出力（行動）を導くかに関しては，人間が直観的に理解できるような単純なものではありません。この立場からは，知能およびその挙動は「単純な規則から生じる，きわめて複雑な現象」であると捉えられます。そのため，この種のコネクショニズム的なシステムが，どのように計算を行った結果として特定の出力を行うのかとか，なぜそういう行動をとるのかという点に関しては，そのモデルをプログラミングした人にも理解できないといったことすら起こります。

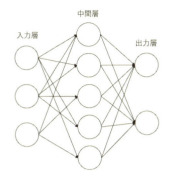

図7. 三つの入力層，五つの中間層，二つの出力層から成る多層構造のニューラルネットワークの例

　コネクショニズムと従来の形式主義（古典的計算主義）[12]は，心を計算機として捉え，知能を再現するという観点では同じですが，その前提としている仕様（アーキテクチャ）が大きく異なります。つまり，心の中でどのような関数によって，どのような計算が進行し，関連メカニズムによってどのように実行されるのか，といった点に関して設計思想が異なるのです。ここでいう関数というのは，数学や情報の授業で学んだものですが，ものすごく簡単に言うと，情報を入力すると何らかの処理をして情報を返してくれる箱みたいなものです。たとえばマイクロソフトのエクセルでは「= average()」という関数があるわけですが，カッコの中に数字をぶち込むと，averageという関数に与えられた規則に従って計算結果（この場合，入力された数字の平均値）を返してくれます。エクセルのような表計算ソフトでは，この関数を組み合わせることによって非常に複雑な計算も一瞬でやってくれます。人の心や言語の産出メカニズムも，上記のようなプロセスの延長であるとして語られることがしばしばあります。

---

[12] ちなみに，こちら「古典的」と呼ばれていますが，それに相対するコネクショニズムが歴史的に見てそんなに新しいというわけではありません。

さて，心をそのような計算機として捉えた場合，情報が入力されると，出力（特定の行動）に向けて心の中で計算を始めるとします。形式主義的にはその計算は，表象を読み取って，関数に基づいて表象を入れ換えたりくっつけたりして変形を行い，その結果として意味ある情報が出力される（言語を発するなどのある行動が行われる）というものです。この立場に基づく知能は，表象を読み取るためのカテゴリ分類基準や，文法規則のようなものが何らかの方法で前もって与えられていなければなりません。

一方，コネクショニズムのアプローチでは，事前にそのような規則を与えず，入力された情報から経験を通じてネットワークを変化させることでそれらをボトムアップに学習します。この立場では文法などの規則は，学習の結果としてネットワークの中に，分散的に存在し表象として機能するもの（**分散表象**）です。つまり，心の働き全体として表象があるように見えますが，表象の処理が局所的に行われているわけではありません。この点において，コネクショニズムの想定する知能はカルテジアン劇場のように表象を読み込む者（ホムンクルス）を想定する必要がありません。

形式主義においては，知識は客観的で，学習する側がそれをどのように処理し，学習するかといったこととは独立して存在するものとみなされますが，コネクショニズム的な立場は，情報がどのように処理され，学習されるかに関係して知識が「創発（emergent）する」という立場を取ります。つまり，知識を静的かつ客観的に捉えるのではなく，どのような情報をどのように処理し，どのように学習されたかなどの条件によって，得られる知識は常に動的に変化するものと捉えます。これは，言語と身体の関係を重視し，身体経験を通じて形成された一般的認知能力によって言語知識が組織化されると主張する前述のレイコフの認知意味論と同じ方向性を持つ考え方です。

第2章　意識の諸相　　63

　このように，古典的な形式主義とコネクショニズムでは，同じ現象を取り扱っていても，心で行われている計算のされ方，つまり「アーキテクチャ」としては全く異なるものを想定しているのです。

　さて，このようなニューラルネットワークをベースにした知能のこととして，図形のパターン認識，カテゴリの分類が高い精度でできるということが挙げられます。つまり，表象の話のときに「人間にできるすごいこと」として挙がっていた，類似性を抽出して分類するということが，人工知能にもできてしまうわけです。たとえば，ウェブ上に挙がっている画像をたくさん入力して学習することで，犬や猫を識別したり，手書きの文字を認識したりことができます。このことから，深層学習は前述のシンボルグラウンディング問題（p. 30）のブレイクスルーになると考えられています。シンボルグラウンディング問題は，言ってみれば記号で指示される対象をコンピュータがどのように処理をしているかという問題ですが，これは古典的計算理論のように，認識の仕方が指示対象と切り離された形でトップダウンに与えられることで生じる問題だと考えられます。一方，深層学習はデータからボトムアップに，どのように表現されたものがどのような特徴量を持つかが抽出され，それに対して名づけを行うため，学習過程からその結果としての知識表象に至るまで，そもそも記号と指示対象が切り離されることがありません。

　また興味深いことに，ニューラルネットワークは言語を学習する際にも，人間と同じような間違いを犯します（Plunkett and Marchman (1991, 1993)）。たとえば第一言語・第二言語習得研究では，人間は動詞などの屈折を学ぶときに，不規則変化するべき動詞に規則変化を適用させたり，不規則変化を規則変化させたような変な誤りを犯したりする（たとえば go を goed や wented といった形に屈折させる）ことが知られています。このような誤りが生じるのは，既存の知識に新しい知識が加わった際に，本来使われるべきでないとこ

ろにまで新しい規則を過剰に一般化してしまうからで，その後正確さが再び向上するのは，その規則使用が誤りだと学び過剰な一般化を抑制していくからです。これは入力された情報をもとに常に知識が更新されていく動的な学習プロセスを表しているのですが，ニューラルネットワークが同じようなプロセスをたどるというのはすなわち，そのような人間のダイナミックな学習を近似的に模倣できているという可能性を示唆しています。また，ネットワークがそういった言語規則を学んだのち，特定の結線に損傷を与えることで，さまざまなタイプの失読の症状（たとえば漢字を読む際に意味の近いものに読み誤る[13]とか，規則語の読みの成績はいいのに不規則語の成績は悪いなど）も再現できるといいます（たとえば，辰巳 (2000, 2007)）。

　このように機械学習を応用することにより，人工知能は人間に非常に近いふるまいをすることがわかっており，研究者の注目を集めています。特に神経科学の観点から心の哲学を論じているポール・チャーチランドなどは，ニューラルネットワークの技術を使って意識も再現できると主張しています。現在でも，短期記憶やトップダウン的な注意（後述）を持つこと，あるデータを多様に解釈すること，眠っている間に消えることなど，意識の諸特徴を模倣することができるといいます (Churchland (1996))。

　ただし，このようなアーキテクチャが人間の認知に用いられている可能性があるということが，すぐさま人間と同じような知能をもつロボットが作成可能であるということを意味するわけではありません。脳の比較的単純な神経回路を持つ部分ではどのような計算機構が働いているかが徐々に明らかにされていますが（山崎 (2009)），計算機上で再現できない脳の機能というのはまだまだ多くありま

---

[13] 足袋を「くつした」と読むなど。

す。最近はこの技術を用いてできることが増えてきているのは確か
で，それによってさまざまな媒体を賑わしてはいますが，実際にわ
かっていること以上に過剰な期待を背負わされているとも言われて
います。本書も人間のアーキテクチャを考えるために古典的な形式
主義と対比する形でコネクショニズム的な考え方を紹介しましたが，
「機械学習はすごいのだ，これからは機械学習で意識と言語学習に
かかわるすべてが明らかになる」という話では全くありません。

　また人間の学習は，その辺にある情報を無作為かつ自動的に取り
込んで受動的に学習を行うだけの存在ではありません。この後に示
すように，人間は自身が生まれながらに持つさまざまな能力や，そ
れに由来する制約を受けながら学習を行います。

　そして人間はどのような情報も均一に取り入れていくわけでもあ
りません。コネクショニズムのモデルでは，関係節の埋め込みなど
複雑な文処理を行わなければならない問題の学習を行った場合，最
初からそのような埋め込み文を人工知能に提示しても学習がうまく
いかないことがわかっています（Elman（1993））。まず単純な文か
ら，徐々に複雑さを上げて入力を行うなどしなければなりません。
これもコネクショニズムと人間の学習の類似点ですが，このように
人間が受ける言語経験の中にある（恐らくその多くはまだ研究者が
明らかにしていない）何らかの特徴が，言語の習得に大きな影響を
与えている可能性があります。機械学習にせよ人間の学習にせよ，
言語学習はデータを突っ込めば完了する，という単純なものではな
いことがわかります。

　また現実の言語使用では，私たちがたとえば「そんなことを言っ
てはいけない」とか「目上の人に対しては敬語を使いなさい」など
と教育を受け，自分以外の他者と交流し，長い時間をかけてさまざ
まな社会的・文化的な学習を行います。この点で人間は，ウェブ上
にある大量の情報を一気に受け取り，そこからのみ学習を済ませる

ようなものとは具体的な面で言って異なります。

　さらに言語習得研究としては，既存の言語データを入力して学習させるだけでは，言語規則やその処理が「なぜそのようになっているか」，もしくは「なぜそのように実在する（ように見える）か」などの問いに答えることにはなりません。たとえば発音の規則を例にとっても，人間が喉や口で音を出しているわけですから物理的な制約にも規定されている（つまり人間の口の構造的に不可能な発音は言語で使用されないというのはもちろんですが，発音しづらい音のつながりが避けられたり，発音しやすいように変化したりする）わけですし，コミュニケーションを円滑に行うためにさまざまな変化をした結果として，文法規則が生まれたり徐々に変化したりもするわけです。しかし上記したように，ニューラルネットにおいては，ある出力に至るまでにシステムがどのように計算を行ったのかが，そのモデルをプログラミングした人にもわからないということも多いのです。言語に関しても，このような「なぜそういう構造で言語が出力されるのか」という点などは，その他の言語理論などで補完されるものです。したがって，たとえアーキテクチャの面でコネクショニズムが正しかったとしても，それによってこれまで提案された言語学や習得のモデルが無効になるわけではなく，さまざまな視点から補い合いながら研究を発展させていく必要があります。現在，コネクショニズムを認知のアーキテクチャとして取り入れた言語習得の研究は，次章で解説する「創発主義」や「用法基盤モデル」などの相性のいい理論と補い合いながら進められています。

　さて，ちょうど私がこの本を執筆しているときに，Google の提供する翻訳システムが機械学習を採用し，飛躍的に精度を上げたことが話題になりました。これまでのウェブ上の無料翻訳システムは，学生がライティングや英文和訳の宿題に使おうものなら一発でバレてしまうような精度だったのですが，今や英語論文の要旨のよ

うな比較的難しい文章でも理解可能な程度の高い精度で日本語に翻訳されます。レトリカルな文章や暗喩を含む文章の正確性にはやや欠けますし、前後の文脈が重要になる翻訳をさせるとやはり難しいようで、[14] 熟達した英語–日本語使用者には及びませんが、こういった技術のめざましい発展に伴って、外国語学習を行う理由や外国語教育の目的もすこしずつ変わってくるのかもしれません。

図 8. Google 翻訳も、まだ話し言葉のような文には対応できていない様子ですが（上の例は西洋版の安西先生が文化的な影響で卑屈になっているわけではありません）、テキストのジャンルによっては誤りはあれどかなり正確に翻訳されるようになってきています（下の例）。

2.9. 意識に関わるさまざまな概念

2.9.1. 注意とアウェアネス

意識（consciousness）と注意（attention）、この二つは使われる文脈がとてもよく似ています。「注意する」と「意識する」という言

---

[14] いま「辛い」と入力（「つらい」、と入力したつもりだった）すると "spicy"（からい）と訳されましたが、「辛くてきつい」と入力すると "tough and hard" と訳されました。現在の技術でも、その程度の文脈は十分「理解」してくれます。

葉は，日常生活においてはほとんど相互に互換性のあることばとして使われることと思います。

　日常的には同義で問題ないにせよ，学術理論的には，この二つは異なる概念だと長らく言われてきました。ただ，この二つはコインの裏表のようなもので，測定し分けることは不可能だという立場をとる研究者も少なくありませんでした。ただ近年，脳神経科学の分野では意識と注意を測定し分ける試みが活発になり，その区別を明確にしようとしている研究者も増えてきています。[15]

　すでに紹介した（p. 24）グローバルワークスペース理論に立脚すると，これらさまざまな概念の区別も，直感的にわかりやすくなると思います。舞台であるグローバルワークスペースは，いわゆる「ワーキングメモリ」（短期間，心の中で情報を保持したり処理したりする記憶領域）に相当しており，「注意」の方向性はスポットライトが指し示すところでした。さらに「無意識」は舞台外の暗がりにいる観客であり，意識は観客に語りかける舞台上の俳優でした。

　さきほど「スポットライト」として表されると述べたように，注意とは意識の働きのひとつであって，意識の方向性にかかわるものです。ただ，観客に語り掛ける俳優はスポットライトを浴びていることが多いように，注意を向けたものは強い意識が当たりやすい（もしくは，アウェアネスを伴いやすい）ので，注意とアウェアネスを区別するのは現実的にはやや困難を伴います。

　しかしながら，注意が向いているのに意識していない（アウェアネスがあたっていない）現象というのは確かにあります。では，注意が向いているのにアウェアネスが当たっていない状態というのはどのようなものでしょうか。その一つが前述のプライミングです。プライミングは，意識していない（アウェアネスを向けていない）け

---

[15] Bachman (2006)，Crick and Koch (2003)，Naccache et al. (2002) など。

第2章　意識の諸相　　69

れど注意を向けている状態に生じる現象であると言われています。

　人間がなにか規則を学習するときには，その対象を意識する必要はありませんが，注意を向ける必要はあるといわれています。私が思うに，そのもっともわかりやすい例は第一言語の獲得であると思います。

　えー，僕が第一言語の日本語を学ぶときにはなんも注意なんてしてなかったよ！という方もいるかもしれませんが，それは日本語の規則を意識化していなかっただけで，注意はちゃんと向けているのです。

　乳児は，視線や指差しの意図を解釈し，さらになんと，話や行動の前後の文脈などを理解したうえで親の意図を読み取って注意を向ける能力をかなり早い段階で獲得します。

　たとえば，乳児は他人が見ている方向に同じように視線を向けたり，親が乳児の後ろをみつめるとその方向を振り返ったりします。それだけでなく，子どもが普段みることがないナットがはめられたボルトをみせて，「これはナットだよ」といいながらナットの部分を3秒ほどくるくるとねじると，それだけで子どもはボルトや，ボルトにナットがついたものではなく，ナットという部分だけを適切に「ナット」であると解釈できるようです（Kobayashi (1997)）。これは，大人からしてみればたいしたことはないことと感じるかもしれませんが，よく考えてみればとても複雑な認知能力なのです。これを行うには，乳児は「他人の行動には何かの意図がある」ことを理解し，視線などの先になにか注意すべきものがあるということや，ナットを回した理由などを読み取り，さらにそれらの情報をもとに，その時に発された言葉がその「回した部分」のみを指していることを理解しなければなりません。

　これは難しい言い方をすると，親と子どもの二項的な関係のみならず，外部に注意を向ける対象も含めた三項的な関係を子どもは把

握できるということを意味します。これを，**共同注意**といい，人間以外の動物にはない，人間の言語能力を支える重要な認知能力であるといいます。たとえばヒト以外の霊長類は，他者が何か意図を持つ存在であると考えることはなく（少なくとも人間よりはるかに限定的であり），したがって他者と共同作業を行うこともなければ，外部の者を指さしたり，他者に何かを差し出し与えたりすることもないそうです (Tomasello (2003))。また，上記のボルトとナットの例からわかることは，子どもはものの名前などを学ぶ際に，言語以外のさまざまな手がかりを利用している可能性があるということです。

図9. 人間の赤ちゃんは，親の視線を追ったり，指差しを追ったりして，親と子どもだけではなく外部の三項的な対象に注意を向けることができ，それが言語の獲得に役立っているといいます。

この共同注意は，認知言語学的な立場をとる社会語用論的アプローチの言語獲得理論においては，子どもが言語を獲得する際には必須の能力であるとされています。子どもは生後半年から一年半くらいで，母親におもちゃをみせたり，特定の対象に母親の注意を向かわせる意図をもって指差しをおこなったりするようになります。このような行動は，子どもが他人にも意図があることを理解するようになり，コミュニケーションの基盤を獲得したことを表しています。発達心理学を研究しつつ言語獲得についての理論を提唱するマイケル・トマセロは，このような能力はヒトの発達過程における利他性（つまり他者のためになにかをしてあげること）の進化論的出

現と関連しており，人特有の認知的・社会的能力の発達と進化による帰結として身につけた能力であるとしています（Tomasello (2003)）。

また，ことばの獲得が遅れている子どもは，こういった言語コミュニケーションの前段階となる非言語コミュニケーション（つまり前述のように視線を読んだり，非言語の行動を理解したりすることで行われるコミュニケーション）の段階で問題を抱えていることが多いことが指摘されています（小林・佐々木 (2008)）。そしてトマセロとその共同研究者ら（たとえば，Tomasello and Todd (1983), Tomasello, Mannle and Kruger (1989)）は，乳児の言語獲得を調査した結果，乳児が母親との共同注意に使った時間が長ければ長いほど，乳児の獲得する語彙数が多く，より言語を理解したり産出したりすることができることを示しています。これらの研究結果はすべて，言語の獲得には「注意」が必要なことを示唆しています。

ですがもちろん，乳児は対象物に対して注意を向けているだけで，対象物と記号である言語の対応関係を言語化できる状態である（つまり意識化している）わけではないでしょう。「ははあ，この上半身に身につける布はシャツといい，下半身に身につける布はズボンというのだな」と意識的には考えず，対象に無意識的に注意し，それをカテゴリ分けして名前を付けるという操作を自動的に行っているのです。「シャツを着る」，「ズボンを履く」，という動詞をとってみても，これらの語彙がどのように使われるかということを子どもは共同注意を使って学びます。実際に，いざ「着る」とか「履く」がどういう場合に使われるかと問われると，「靴下は … 水着は … ブラジャーは …」などと意識的に内省したり，その意味の適応範囲を問われたときに初めて意識されるものです（こういう動詞の意味分析を意識的に適切に行うことは結構，意味分析のトレーニングをそれなりに受けた人でも難しいものです）。意識と注意という言葉は日常会話では似たように使われますが，深く考えていくとこの

ような点に違いがみられます。

　注意とアウェアネスの関係性については，以下のようなまとめも
あります。

		意識（アウェアネス）	
		なし	あり
能動的注意	なし	・「完全に無意識的」な行動 ・調節反射など	・部分的に言語報告が可能 ・思いつきなど
	あり	・言語化できない高次の反応 ・プライミングなど	・完全に言語報告が可能 ・予測しない，または馴染みのない刺激への反応

（Tsuchiya and Koch（2008）を筆者が改変して翻訳）

これは，ある人間の行動を，能動的注意が必要か否か，機能として
の意識（つまりアウェアネス）を伴うか否かによって分類したもの
です。能動的注意も意識も必要のない行動は，いわゆる完全に無意
識な行動で，反射的な反応による行動もここに含まれます。事例に
挙がっている調節反射というのは，たとえば目の前の近くにある物
体にピントを合わせようとして眼の中にあるレンズの厚みを加えて
屈折率を増やすといった反応ですが，これは私たちがそうしようと
しているわけではなく，自動的に身体の一部が動いているような状
態です。

　次に，注意を必要とするのに意識的ではない行動の例ですが，こ
れは前述のようにプライミングなどが挙げられます。プライミング
は使用する言語構造の選択といったかなり高度な反応ですが，意識
的に行動を変えているわけでもなく，なんでそういう選択をしたの
か言語化もできないようなものです。

　また，たとえアウェアネスが生じたとしても，そこに注意が伴わ

ないと言語化は部分的なものにとどまるようです。それが，注意が向かずにいきなりアウェアネスが出現する現象なのですが，パッと頭に思い浮かぶ現象，つまり「思いつき」などがそれにあてはまるそうです。確かに，これは何かに注意を向けているから起こる現象ではありません（たとえあなたが，リンゴが落ちるのを見て地球がモノを引き付ける法則を思いついたとしても，それは別にリンゴそれ自体への注意とは関係ないことです）。またこのようなケースの場合，そのあと十分に内省することにより言語化が行える部分はあるのですが，思いついたそのすべてを言語化することが可能なわけではありません。

　最後に，アウェアネスを伴う注意を必要とする行動です。たとえば，本を読んでいてその大まかな内容を掴むという作業を考えます。この際，頭の中に反映される「映像」のようなものが次々と更新されていくのですが，これ自体は特に何か（たとえば書いてある文字それ自体）に強い注意が向いていなくても自動的に行われます。その証拠に，私たちは一度意味を理解したら意味情報だけが記憶に残りやすく，「文字通りの情報」はすぐ忘れて，そのままそらんじるといったことができなくなってしまいます。[16] ただ，そこで初めて見る言葉などが出てきた場合，読み手はその言葉の意味を深く考えることになります。このようなときは，意識も注意もそこに強く注がれている状態となります。そして，注意が向いていて意識が伴う行動は，かなりの程度の言語化が可能であるといわれています。つまり，時間がたつなどして記憶が失われてさえいなければ，「そ

---

[16] 映画のセリフを覚えるのが得意な人が結構いると思うのですが，私は「どんな意味のセリフだったか」はわりとよく覚えているのに，文字通りの情報を覚えておくのは極めて苦手です。私は映画スターウォーズシリーズが好きなのですが，名シーンでのセリフ "I'm your father" を，長い間 "You're my son" だと思っていました。

の単語を見たときに何を考えていたの？」と尋ねれば，その時に考えていたことを口に出して説明することができます。

　また，注意にも分類が提唱されています。その中でももっとも活発に研究されているのが「受動的（外発的・ボトムアップ性の）注意」と，「能動的（内発的・トップダウン性の）注意」という区分です。たとえば，受験勉強などで教科書の重要な語句や記述の部分にマーカーを引いたりしたことがあると思いますが，それは次に自分が読んだときに，自然に注意を促す工夫といえるでしょう。人間は何らかの目立っている部分に，意図しなくても注意を向けるものですが，それは前者の受動的注意の役割です。また，逆に自分で意図して何かの目的のために向ける注意は能動的注意となります。私は大学時代に軽音楽部に所属して，ギターをやっていたのですが，バンドの演奏の中からギターの音だけ拾って，その音を頼りに自分もギターを弾いてコピーするということを行います（耳コピといいます）。このときに，自分の欲しいギターの音だけに焦点を合わせるのに使われるようなタイプの注意が能動的注意です。

2.9.2. 気づき

　本章の最後として，第二言語習得研究の分野で提唱された「意識」とかかわりの深い概念である「気づき（noticing）」についてとりあげます。

　気づきという概念が提案されたのは1980年代後半からなのですが，その頃は，スティーブン・クラッシェンの提唱する「モニターモデル」が隆盛を極めていました。モニターモデルは第二言語習得に関する現象を包括的に説明しようとした理論なので，さまざまなことに言及しているのですが，クラッシェンはその中で「第二言語習得は本質的に無意識的に行われ，意識的に学習された知識は限られた役割しか持たない」ということを主張しました。そして，イン

プット——つまり，学習者が言語を読んだり聞いたりすることによって「入力」する言語情報——の意味理解こそが言語習得において最も大事であり，学習には意識しなくても大部分が理解でき，そして自分の理解をほんの少しだけ超えるようなインプットを大量に与えられることが必要であると主張しました。

　そんな時代に，第二言語習得研究者のリチャード・シュミットは，自身がポルトガル語を学習する際につけた日記を分析した結果，日記につけた事柄（つまり意識したもの）のみが言語産出に用いられていることに気づきました（Schmidt and Frota (1986)）。そこから心理学の知見を応用し，クラッシェンのモニターモデルが提唱する，「第二言語習得は本質的に無意識的に行われ，意識的に学習された知識は限られた役割しか持たない」という主張に反対し，言語形式に「気づく」ことなしに第二言語習得が行われることはないと主張しました（Schmidt (1990)）。これを気づき仮説（noticing hypothesis）と呼びます。

　気づき仮説では，学習者が言語形式に向ける焦点化された意識（consciousness）レベルを3段階仮定しています（少し前にみた意識の三段階モデルと似ていますね）。それらは，アウェアネスを伴わない「知覚（perception）」，アウェアネスを伴う「気づき（noticing）」，さらに高次の，規則にまで言及するレベルの「理解（understanding）」というものでした。そして，学習者が言語習得を行うにはアウェアネスを伴う「気づき」レベルの焦点化された意識が必要であるとしました。これが気づき仮説の大雑把な内容です。

　シュミットの気づき仮説は，第二言語習得研究における意識の役割に関する研究を大いに盛り上げました。しかし同時に，シュミットは気づきという語を「焦点化されたアウェアネス（focal awareness）」，「意識的アウェアネス（conscious awareness）」，「意識的注意（conscious attention）」，果てには「意識的気づき（conscious noticing)」などと文脈によってさまざまな用語に置き換えて使用しています（ちなみにここに挙げた用例はほんの一部で，本人が挙げたものに限ってもものすごい数のバリエーションがあります）。小説ならば，表現のバリエーションが多いほうが飽きなくてよいかもしれませんが，研究上はこのようなことはあまり望ましいことではなく，当然，研究者たちの混乱を招きました。「意識的アウェアネス」があるということは「無意識的アウェアネス」があることを含意するのか，「意識的気づき」とがあるということは「無意識的な気づき」もあるのか，「意識的」というのはそもそも「アウェアネスを伴う」とは違う意味で使われているとしたら，気づきの定義にアウェアネスを伴うというのは含まれているので冗語表現ではないのかなど，本書が序盤から問題にとしている混沌の根源の一つとなっており，多くの批判が相次ぎました。

　本書が行ってきたような区別と考察にもとづき，シュミットの文献を読んでいくと，気づきとは概ね認知科学でいう「意識的注意」，つまりアウェアネスをともなう注意と同義であると考えられます。ただし，気づき仮説が当初主張していたように，「意識的注意」が言語習得に必要十分かというと，それに関しても多くの批判があります。その最も代表的な批判は，注意の持つ機能こそが学習の必要条件であり，アウェアネスはその効果を促進するだけだとする主張です (Tomlin and Villa (1994))。

　気づきの概念は，さまざまな問題もあり，もはやそのままの形で研究を行えるものではありませんが，その後の外国語学習における意識の役割や，言語を使用する際に必要となる知識とはどのようなものかといった研究に引き継がれ，現在でも研究が続いています。そちらに関しての詳細は，後ほど外国語学習の意識的・無意識的学習を取り扱う際に説明します。

　さて，本章ではさまざまな分野の議論を引きながら，「意識」と

はなんなのか，また「意識」，「アウェアネス」，「注意」，「気づき」という言葉が指し示す意味は何が同じで，何が違うのかなどを俯瞰し，整理してきました。初めに「意識に統一的な定義はない」と書きましたが，本章では，多くの定義をただ列挙するだけではなく，これまでの研究者らがどのように意識を考え，それぞれの定義はどのような観点からみたときに妥当となるのか，類似点・相違点はどういったところなのか，そして実験などに落とし込む際にはどのような考え方が必要なのかという点に関して述べてきたつもりです。これらの概説を読んで，少しでも混沌が整理されたと感じてもらえれば幸いです。

　さて，私たちはいま「意識」「アウェアネス」「注意」「気づき」という道具を手に入れました。これらを使って，いよいよ言語にアプローチしていき，さらには外国語学習の意識と無意識についてみていこうと思います。

第 3 章

言語と意識

3.1. 人間の能力と言語習得

　言語とはどのようなものか考えるにあたっては，言語が意識的に学ばれるか，無意識的に学ばれるかというのは「意識の機能」の観点だけでなく，「意識内容」に対する考察が非常に大きな意味を持ちます。つまり，人が世界をどのように認識して，その世界認識が言語とどのようにかかわるかといった視点です。

　このような観点からは，認知言語学という分野が活発に研究を行ってきています。たとえば，私たちが学校で習う「名詞」，「動詞」といった品詞の分類は，人の世界を認知する一般的な能力とかかわっているといいます。まずひとつめは，人がモノをグループ化する能力です。そして人は知覚対象を，「隣接性」や「類似性」によってグループ化するといいます（たとえば Langacker (2008)）。たとえば，

xx　xxx

という記号の列をみれば，人はこの x の列を，左の二つと右の三つでグループ化します。我々にとっては改めて言われずとも当たり前のことですが，このように人は対象を，その距離（隣接性）と，似ている度合い（類似性）に応じてグループ化します。

　すでに述べたように，「りんご」や「ペン」などと聞いてその意味が理解できるのは，細かいところを無視して大まかにグループ分けし，そのグループに名前をつけることができ，理解することができるという能力によるものです。そしてそのカテゴリ化の能力は，上のような隣接性や類似性によって物をグループに分ける能力の延長線上にあると言えます。また，抽象名詞（「愛」のように抽象的で目に見えないようなものにつく名詞）も，前述（p. 52）のようにメタファーを用い，このようなプロセスを派生させた結果として作ら

第3章 言語と意識 81

れ，理解されるものであるといいます (Langacker (1991))。

　抽象的なものを知覚し，さらにカテゴリに分けるという概念化を行うのは非常に難しいことのように思えますが，人間は1歳になる前から，そういう抽象的なものや出来事，動作，そしてさまざまな関係性を知覚し，概念化する能力を手に入れます (Mandler (1992))。これも，前述の共同注意と同様に，ヒトに特有の認知能力であり，言語の使用と深くかかわる能力であるといわれています。

　動詞に関しては，「意図を持った動作主によって観察可能な変化がもたらされる事象 (ラネカー (2011: 49))」であるといいます。名詞がモノをプロファイルするのとおなじように，できごとを時間の展開に沿って順番に心の中で動かす「プロセス」をプロファイルしたものが動詞であるということです。たとえば explode (爆発する) と explosion (爆発) はそれぞれ同じ概念を思い浮かべさせる動詞と名詞を表していますが，動詞の explode は，時間軸上で連続的に並んだ状況である一連の<u>プロセス</u>を指し示します。一方，explosion はその一連の<u>状況</u>を<u>グループ化</u>して名詞として取り出したものです。

　認知言語学に基づいた用法基盤モデルによると，文法的な規則の習得にも，このようなカテゴリ化，そして抽象化といった認知能力が使われているといいます。たとえば，英語の二重目的語構文を例に挙げてみましょう。

(1)　Give me a pen.

(2)　a.　Give me your book.

　　　b.　Give me the present.

(3)　a.　Hand me the tape.

　　　b.　Put me the salt.

子どもは，(1) のような文を聞いても，いきなりその文を [動詞-

名詞‐冠詞‐名詞］などと分解せず，まずはそのままひとかたまりとして覚えます。その後，(2) の a，b のような，Give me の部分を共有する多様な言語経験にさらされると，"Give me X" といった，X というスロットに任意の語や句が入るというような，より抽象化された規則を身につけます。さらに，(3) のような文に触れることで，目的語部分のみならず動詞部分も抽象化され，徐々に［動詞＋me＋a/the 名詞］という構文知識を身につけていきます。

　上記の例は二重目的語構文というもので，このような構造は動詞が持つ（この場合ある対象物がある人からある人へ移動するといったような）意味で決まります。しかし学習初期には，こういった構文は**個々の動詞ごと**にスロットが決まっているような状態で現れます。具体的に述べると，英語の「二重目的語構文」というと，ほかにも show や send などの動詞がその性質上，同様の構造をとり得るのですが，こういった give/show/send する側の人が動詞の前に置かれて，される側の人が後ろに置かれるというような，意味関係でまとめ上げられたほかの動詞に広く共通するような文法的規則を子どもが最初から持っている**わけではない**といわれています。つまり子どもは獲得の初期においては，学習者は動詞ごとに別々にこのような構造を学習していきます。そしてその後，3 歳以降になると子どもは徐々に規則の一般化を行うようになり，これらの構文は意味に応じてさらに抽象的な構文へと格上げされます。その際にはやはり，構文という抽象的な概念をカテゴリ化するような高度な認知能力が重要になってきます。

　以上の説明は，もともとは第一言語獲得を説明する枠組みなのですが，第二言語習得の分野でも，このような習得プロセスを支持する研究が盛んに発表されています (N. Ellis (2016) などを参照)。第二言語習得研究の一つの大きな貢献は，学習者は必ずしも教えたとおりの順番に学習を進めるわけではなく，「自然な発達プロセスに

第3章 言語と意識　83

従う」ということを示したことにあります。その中でも，このような認知言語学・用法基盤モデルは，人間の一般的認知機能や社会・環境が言語の習得にいかに影響しているかの記述・体系化を試みており，さらにそれに基づく第二言語習得研究は，そういった影響下において発展していく言語習得プロセスが第二言語においても同様に適応され，その結果として，本書で取り扱ってきた言語習得に関する不思議な現象「教えた通りに習得されない」，「教えていないのに習得される」といった現象が生じるということを示しています。また，日本のように文法の指導が明示的に行われ，学習を意識的に行う環境でも，学習者の知識が上記のような発達プロセスに従うことも示されつつあります（たとえば Tode (2003)，Tode and Sakai (2016) など）。

3.2. 言語が違うと世界が違って見える？

3.2.1. 言語と認識，その類似点と相違点

　また言語と意識の関わりおいては，前述のように，言語と世界認識の仕方のかかわりにまつわる研究があります。その例としては，前章で述べた「あ，こぼれた」「お前がこぼしたんだろうが」のやり取りが挙げられます (p. 8)。「あ，こぼれた」という表現に対して「お前がこぼしたんだろうが」とムッとするということが現実にあるとすれば，少なくともムッとしたほうは，こぼしたひとが「自分のせいではない」と認識していると受け取ったのだと考えられます。このように人は言語を受け取ると，それが相手の心をそのまま映し出していると把握することがよくあります。しかし実際はそうではなく，上記の例は，言語の表し方の違いに起因して起こってしまった誤解に関する寓話です。では，言語が異なると，それに伴って意識内容も変容するのでしょうか。

84

　古くから，この言語と意識に関わる話題は多くの人に取り扱われてきました。言語的な特徴から，ドイツ語は理路整然としていて，フランス語は高貴だ，といったような根拠のない話もいろいろな文献に見つけることができますし，現実に語られることも多いと思います。私も，「日本語って全然論理的じゃないですよね。論文書いたりしていると大変じゃないですか？」みたいなことを真顔で言われた記憶があります。そういうナイーブな印象論は間違いが多いだけでなく，ある特定の言語・文化のイメージを無批判に「本質」として固定化し，偏見や差別を助長する恐れすらあります。エスニック・ジョークのうちはまだいいですが，まじめな研究者はこのような話が大真面目になされるのを耳にすると顔をしかめて反論するに違いありません。

　それではこの，ついつい皆が突飛なイメージを口にしてしまうような言語と意識の興味深い関係については，どのようなことがわかっているのでしょうか。この密接なかかわりについては，かなり古くから哲学的な議論がありました。特に，18 世紀にはヨハン・ゲオルグ・ハーマンやヨハン・ゴットフリート・ヘルダーといった哲学者，19 世紀にはヴィルヘルム・フォン・フンボルトといった言語学者が，言語が何らかの形で思考に影響を及ぼす，もしくは言語は思考そのものである，といったことを主張しています。その後，ベンジャミン・リー・ウォーフという人が，それまで思弁的に行われていたこれらの主張を科学として位置づけることを試み，言語と思考にかかわる有名な仮説，「サピア＝ウォーフの仮説」を提唱します。この仮説は，ざっくり言って「言語が違ったら，おなじ世界観に導かれるとは限らない」という相対性原理で，まさに「言語が違えば，それに影響を受けて世界の見方が違う」という仮説です。ウォーフの仮説は，「言語は思考を決定する」という強い解釈（言語決定論）と，「言語は思考に影響を及ぼす」という弱い解釈

第3章 言語と意識 85

（言語相対論）があります。

ウォーフの研究で有名なのが，アリゾナのホピ族が話すホピ語の分析で，ホピ語には時間を表す単語・文法形式・文構造・表現がないとして，ホピ語話者は時間に対する抽象概念を持たない，と結論付けたものです。また，イヌイットが雪を表す多くの語彙を持っているとし，雪に関する基本語彙の少ないアメリカ人よりも，彼らは雪を細かく分析し認識するにちがいない，という主張も行いました。

この仮説はさまざまな批判を生むことになります。少し考えても，語彙がないからそれに対応する概念が把握できないというのはありそうにありません。アルミホイルを奥歯で噛んでビリっとする現象は「ガルバニー電流」によるものですが，その名前がわからなければ，あの想像するだけでキーンとする現象を認識できないとか，これまで大丈夫だったのにいま知ってしまったせいで突然電撃を食らうような体質になったなんてことはないでしょう。

より理論的かつ代表的な言語決定論批判としては，人は思考の基本となる概念を生得的に所有しており，言語を形作るのは思考であるという主張を掲げた認知科学者のスティーブン・ピンカーによるものです。ピンカーによれば，そもそもホピ語に時間を表す表現がないわけではなく，さらにイヌイットが雪を表す語が格段に多いという説は嘘だということですが，より根本的な批判は以下の通りです。

まず彼はウォーフの主張において想定されている因果関係の方向を疑い，言語が認識を規定しているのではなく，認識を言語が反映しているのだと主張します。すなわち，たとえ雪を表す語彙が多かったとしてもそれ故に認識が豊かになるのではなく，その環境故にさまざまな雪の状態に注意を向ける必要があるため，概念がその環境に適応し，それに対応して語彙が豊かになるに過ぎないということです。

ピンカー曰く，言語決定論者は以下の三点を示さなければならないといいます。

第一に，ある言語の話者にとってごく自然な考え方が，別の言語の話者には不可能ないしは極めて困難であること（ただ単に，そう考える習慣があまりない，といった程度ではなく）。第二に，その考え方の違いは純然たる論理的思考にかかわり，話し手が問題を解決できなかったり，わけがわからず混乱してしまうようなものであること（ただ単に，インクの染みが何に見えるかといった判断において主観的な印象が多少変化する，という程度ではなく）。そして第三に（これが最も重要なのだが）その考え方の違いは，言語によって生じるものでなければならない。それ以外の理由があって，それがただ言語に反映しているという場合や，言語と思考のパターンがともに周囲の文化や環境に影響を受けている場合は排除されなければならない。　　　　　(Pinker (2007/2009: 266))

ピンカーによると，言語決定論者は実験や調査によってこれらに対する証拠を提出することができていないし，このようなレベルで言語が思考に及ぼす甚大な影響を示す証拠がないような現象は，認知科学として些末で取るに足らないものだと述べます。

　ウォーフがこの言語相対論を提示した際，およびそれ以前は，たとえばある言語とある言語の差異を示し，そこから思弁的に（というと聞こえがいいですが，しばしば確たる証拠なしに）「このような差異があるということは認識が異なるに違いない」という結論に一足飛びに結びつけてしまう論が多くありました。またウォーフ以後の実証的研究は，ピンカー (Pinker (1994/1995)) が批判するように，実験の不備を示すものがかなりあります。さまざまな方面からの批判により，特に言語が思考を「決定する」という強い仮説（言語決

定論）に関しては，それをそのまま擁護する研究者はほとんどいません。

一方，サピア＝ウォーフと同様の路線を取らずに，言語相対論を支持する主張もあります。ドイッチャー（Deutscher (2010/2012)）が「ボアズ＝ヤーコブソンの原理的立場」と呼ぶ，弱い言語相対論に位置づけられる主張です。この原理的主張は，「言語間の決定的に重要な違いは，話し手に何を表現することを許すかではなく … 話し手にどんな情報を表現することを強いるかにある」（上掲, p. 190）という立場を取ります。ボアズはウォーフとは異なり，人の心は「完璧な概念（complete concept）」を持ち合わせており，子どもは言語を獲得する際に，自身の母語の文法が心的イメージ（mental image）のどの側面に注意を強いるかを決めるとします（Boas (1966)）。その結果，言語は意識内容を欠落させるのではなく，ある特定の認識を「強化する」ことがあるとします。[1]

これに関連する興味深い事例があります。日本語には「右」や「左」といった，どちらを向いているかによって示す方向が変わるような，方向を相対的に示す言葉があり，さらに「東」や「西」といった，自分がどこにいてどこを向いても変わらない，方向を絶対的に示す言葉もあります。しかし世の中には，絶対的な方位の示し方しかしない言語もあります。たとえば「右の本取って」という言い方をせず，「東側の本取って」という表し方をし，「あの木の手前にいる人」ではなく「あの木の北側にいる人」というような表現をするということです。そういう言語の話者は当然，常に東西南北の位置を注意していなければなりませんし，それが認識できなければ，言語の基本的な使用にすら支障をきたすことになります。

---

[1] ボアズはウォーフの師匠のサピアの師匠なので，ウォーフのほうが世代的には新しいです。この主張もウォーフを批判した文脈ではありません。

図 5．相対方位と絶対方位の示し方の違い。右・左といった相対方位は向きが変わば逆になるが，絶対方位は変わらない。絶対方位を話し言葉で使おうとすれば，東西南北といった語が示す方向に常に注意していないといけない。

そういった言語を第一言語に持つ人は，かなり幼いころからそのような絶対的な方位を示す言葉を使いこなし，どこにいても東西南北が感覚でわかるようになります。驚くべきことに，それがたとえなじみのない場所に連れていかれたときでも，暗い部屋で目隠しをしてぐるぐる回った後でも，かなり高い精度で悩むことなく絶対的方位を示すことができるそうです (Levinson (1996))。これは生まれたときからその言語に触れており，そういった感覚を強制する言語を使用し続けることによって身についた，いわば「絶対音感」のような高度に発達した能力であると言えます。

ドイッチャーはこの現象を参照しつつ，ピンカーの言語相対論批判に反駁します。ピンカーに言わせればこの方位を示す語も，地形的特徴といった環境が絶対的方位・相対的方位を決定するということになります。ドイッチャーは，相対的な方位の示し方は，それを用いる種族が住まうオーストラリアの低木地でも合理的かつ有効であるため，それを用いることや併用することを排除する理由にならないと主張します。また，西洋人の子供が右と左という相対方位を使いこなすのはかなり年齢が上がってからであって，場合によって

は親からの教育を通して左右の区別を獲得します。一方，絶対方位を使う民族はかなり早い段階でその座標系を獲得するそうです。幼いときに方位感覚を身につけさせる手段があるとすれば，それは日常生活で使用を強いられる話し言葉においてほかにないとドイッチャーは主張します。

ボアズの言語相対論を批判的に継承した理論として，心理学者であり言語学者でもあるダン・スロービンによる話すための思考（Thinking-for-Speaking）仮説が挙げられます（Slobin (2003) など）。この仮説では，人は言語化することを前提にものを考えるので，自分の持つ言語固有の語彙や文法構造に思考を合わせなくてはいけません。そのため，ある物事や出来事に遭遇したとき，人は自分の持っている言語で表現可能な部分に注意を向けてしまうといいます。この部分はボアズ＝ヤーコブソンの原理的立場と類似しているのですが，このような経路で，「完璧な概念への注意の当たり方が変わる」のでなく，思考が言語の影響を受けて異なる概念体系をもつようになるとします。スロービンは，言語が異なると人間の空間関係（spatial relations）や移動にかかわる事象（motion events）の認識の仕方が変わることを多くの研究で示しており，そこから人は特定の言語に習熟すると，その言語で表現可能な範囲内で世界を認識するようになると論じています。

この「話すための思考」を説明に使った興味深い研究があります。かつては，東洋人は，集団主義で調和や関係性を重んじ，西洋人は個人主義と言われていました。そこから転じて心理学において，東洋人は自分の存在を社会の一部として認識しているため，何かを見るときも対象を全体の一部として見る傾向があるのに対し，西洋人は対象を全体から切り離して認識するという主張がなされました。そのうえ，実際に日本人（日本語話者）はアメリカ人（英語話者）よりも，対象の周辺にある情報により注意する傾向があるというこ

とが実験により示されています（Nisbett（2003）など）。そもそも東洋人と西洋人の民族性がざっくりこういう形で異なるという前提は怪しいのですが，Tajima and Duffield（2012）は，これまでの「文化の差異」ではなく，話すための思考仮説を用いてこの認知傾向の違いを説明しました。すなわち，英語は主要な部分が句や節の最初に現れるのに対し，日本語は最後に現れるので，いきなり重要な部分が先に来る英語とは違い，日本語話者は周辺の情報からまず先に言語化していかなければなりません。この言語的な違いが，それぞれの認知傾向を生み出している，ということです。そうだとすると，日本語話者は周辺情報により注目し，おなじ東洋の言語でも中国語は主要部が最初に現れる言語なので，中国語話者は日本語話者とは異なる認知傾向を示すはずです。Tajima and Duffield（2012）は，実験を行い，同じ東洋の言語話者でも，日本語話者と中国語話者は明らかに認知傾向が異なり，日本語話者は英語や中国語話者とも認知傾向が異なることを示しました。話すための思考仮説は，このような現象が言語と思考に関わる部分のいたるところにあることを示唆するものです。

　言語を，人の世界認識をという観点から分析するといった考え方は，すでに紹介した認知言語学的にも継承されています。たとえば濱田（2016）は，「認識の視野」の違いという観点から英語と日本語の違いを説明しています。英語は主語を必要とする（I played the piano yesterday. など）一方，日本語はしばしば主語を省略する（[?私は] 昨日ピアノを弾いた）のが普通であるというのはよく知られた話です。このことにより日本語話者は，自分自身の見え方をそのまま概念化するような言語使用が優勢になっているといいます。このような見方をする際は通常，自分で自分の存在を意識することはありません。日本語話者はそのような認識を習慣化しているといいます。

第3章　言語と意識　　91

　一方で主語を明示する英語話者は，主語を認識するために出来事を外から見て，主語と目的語の関係を構造的に捉えるような見方が習慣化されており，それが言語にも反映されているといいます。そして，日本語話者は自身の視野の中にあるものを表現することとなります。その結果，「あ，水こぼれちゃった」という表現をし，英語話者は出来事全体を俯瞰して行為者と対象の関係を描写するため，行為者と対象物の関係を明示し Oh, I spilled a cup of water. という表現を用いるわけです。

　もちろんここから，英語を使うことによって英語話者は責任感を持ち，日本語話者は他人に責任を押し付けるという傾向を持つようになる，などという結論が導かれるわけは決してありません。しかしこれも，特定の表現がある言語話者にどのように認識されるかが大きく異なるという例であるといえます。このような例をみると，思っている以上に言語ごとの世界認識の違いは大きいと感じます。

　しかし一方で，私たち人間は言語や文化の違いがあるにもかかわらず，驚くべき程の共通性を共有していることもあります。典型的なのはモノの名前の付け方です。すでに記したように，人間には事物を類似性に基づいてカテゴリに分ける能力が備わっていますが，論理的には「分け方」は無限に考えられます。それにもかかわらず，無数にある区分の中で，人間にとってはある区分がほかの区分よりもより「本質的」で重要である，と考えるほかないものがあります。たとえば「犬」「猫」「鳥」など，基礎語で指示されるカテゴリは，だいたいどの言語でも生物学者が科学的な根拠に基づいて分類した一般カテゴリとほとんど一致します。また，動作の基本的なカテゴリ名として，日本語では移動の様態の異なりに応じて「歩く」と「走る」という二つの基本語彙が存在しますが，言語によっては三つであったり四つであったりして，その切り分けの粒度は異なります。しかし，たとえば人が移動する様子を動画で見せて，徐々にス

ピードを上げて見せていき，どの段階で「歩く」が「走る」になる
か，といったような判断をしてもらうと，言語が違って動作の切り
分けの細かさは変わったとしても，動作のカテゴリ名（動詞）の切
り替わる地点はほとんど一致するようです。つまり，人がモノを切
り分けたり，動作を切り分けたりする能力やその境界は，言語が
違ってもかなり共通していると言えます（これらの研究の概観として
は Malt (1995) など）。もちろん，歩くという動作に対して「アルク」
という音を当てるといった対応関係自体は日本語独特なのですが，
歩く動作と走る動作を違うものとして認識しカテゴリ分けする能力
は，人間に生得的に組み込まれた能力であり，それが言語に反映さ
れているということです。

　以上の研究は，主として個別言語による話者の認識の異なりに焦
点を当てたものです。第二言語習得研究はそれに加え，第一言語話
者と第二言語話者それぞれが世界を認識する際にどのような違いが
あるかという点に焦点をあてる研究も行ってきました。

3.2.2.　第二言語での対象の区切りと数え方
　第二言語のケースを考えるために，以下の例を見てみましょう。
日本では，中学校ぐらいで英語には数えられる名詞（たとえば
cookie(s) など）と数えられない名詞（たとえば water など）があ
ると習います。ですが，名詞の可算性はしばしばこれらのようにク
リアに線引きができるものではなく，状況によっては数えるとき
も，数えないときもあります。

　ものをどう数えるか（数えないか）というのは，対象をどのよう
な単位で区切るか（区切ることができるか）とかかわります。たと
えば英語では，an apple といえばリンゴまるごと一つを指し，ap-
ples と言ったときに，一つのリンゴがいくつかに切られている状
態ではなく，りんごまるごといくつかあることを示すのが普通で

す。これは，りんごまるごとが「本質的な単位」として認識されているからです。同様にペンなどは，あの形をしたものを単位として1，2と数えます。分解されていたからと言って，バラバラのパーツの集合を pens と呼ぶことはありません。しかし，砂やクリームのかたまりなどは，コップなどですくって分けたりしない限り，それ自体はどんな形をしていても，どこかで区切って1，2と数えることはしません。この言語操作を行おうとすると，これらの物質は「本質的な形」が特定できるものではないことを知っていて，なおかつそれに数える，数えないものに対応する文法ルールが適応されることを知っていないといけません。英語では，複数の -s や冠詞などを使わなければならないので，英語話者は常にそういったことを無意識的にも認識しているはずです。実際に，英語話者は This is a ○○ と言われたときは，数えられるものの名前だと認識し，This is ○○ と言われたときは，そういったタイプのものの名前ではないということをすぐさま理解します。しかし，日本語はそのような文法ルールはありません。りんご一個，ペン一本，水一杯と，すべて同様の数え方をします。冠詞や複数形のように文法的には表しませんが，上記の個・本・杯などといった「助数詞」は，物質がどのような特徴を持つグループに分類されるかを示していると言われています。このように，日本語と英語の「数え方」には大きな違いがあるように見えます。

　また，このような状況を考えてみてください。あなたが友達の引っ越しの手伝いをしているとしましょう。この友達が牛に汗し棟に充つといった読書家で，それぞれの本をひもで結んで運ぼうとしているとします。友人が一生懸命に本を結んでいたところ，彼の手元にあるひもが足りなくなってしまいました。まだ結ばなければならない本の山はたくさん残っています…。この場合，Give me more strings. といわれたら，あなたは何を求められていると思うでしょ

うか。また，Give me more string．といわれたらどうですか。

　上記のような状況の場合，前者は適度な長さにひもを切って，何本も持ってくるのがよいでしょう。後者はというと，細切れのものよりも，長いひもの束を持ってきたほうがいいかもしれません。前者は複数形により「数」を表している一方で，後者は複数形にしないことで量を表しています。つまり，ひとつひとつの string（ひも）を個別化して数えているか，ひとまとまりの量として認識するかの違いが，英語だとこの s の一文字に表されているのです。

　しかしこれを日本語にすると，どちらも「糸をたくさん持ってきて」となります。つまり，日本語は英語のような区別を持ちません。何本も持ってきてとか，長いのを持ってきてとか言うことはできますが，そのような意味は，少なくとも文法的には表されません。

　ここまででわかることは，対象をどのように捉えなければいけないのか，対象の区切りがどのように言語で示されるのか，といった点が日本語と英語では違うということです。では，日本語話者は，英語話者とは異なる認識を持っていて，モノの切り分け方が異なるのでしょうか。また，日本語話者が英語を学習すると，このような認識と区別ができるようになるのでしょうか。

　第二言語の話に入る前に，まずこの現象に関して，日本語を話す人と英語を話す人の認識をみてみましょう。Imai and Gentner (1997) は，木くずや砂，皮を細かく切ったものなど，別の物質を同じ形に置いたような場合と，別の形の同じ物質を置いたような場合，どれを「同じ」と答えるかを観察しました。面白いことに，日本語話者は「物質が同じ」ほうを選ぶ傾向がある一方で，英語話者は日本語話者より「形が同じ」ものを選択する傾向があると報告されています。ただし，明らかに機能が同じで物質が違うもの（たとえば木のレモン絞りと陶器のレモン絞り，そして陶器のかけら）は，どちらも形に即した選択を行っていました。つまり，機能が重要な

第3章 言語と意識 95

「モノ」の場合は，選択の基準が異なるような認識の違いはないが，英語話者はより形の，日本語話者はより物質の同一性を優先して認識し判断する，という傾向があるということです。

さて，上記の実験は第一言語として持っている言語の違いがモノの判断に影響を及ぼすというものですが，第二言語を対象とした研究の結果も興味深いものがいくつかあります。

Cook et al. (2006) は，言語を一つしか知らない人と，二つ目の言語を学んだ人たちとでは，意識に上る概念が同じなのか異なるのかといった観点から，上記の Imai and Gentner の実験をそのまま日本語を母語とする英語学習者に行いました。すると，学習者のモノと物質の判断は，英語使用経験が増すごとに英語話者の傾向に近づいていくことが明らかになりました。

もう一つ，大学生に対して行った実験 (Inagaki (2014)) を紹介します。この実験では，実験参加者は，たとえば二人の男の人が糸を持っている写真をみます。その二つの写真は，短い糸がたくさん並んでいる写真と，画面から溢れんばかりのとても長い糸が置いてある写真です。これを見ながら，Who has more string?（どちらがより多くの糸を持っていますか？）などと尋ねられた場合，実験参加者がどちらを選ぶ傾向があるかを調査します。

結果をみると，英語話者の場合，Who has more string? と尋ねられるような条件の場合はほとんど全員が長いひもを持っているほうを選び，Who has more strings? と尋ねられると，短いひもをたくさんもっているほうを選びます。一方，日本語話者の場合は，"Who has more strings?" と聞かれても，半々くらいずつ両方を選ぶという結果になりました。つまり日本語話者たちは，英語を使っても，-s でこのような認識の区別をほとんどしていないと言えます。

3.2.3. 認識と第二言語習得の難しさ

上記の Inagaki（2014）の結果は，対象となった英語学習者が「文法的に」これらの区別を行っていないというだけであって，このような区別を「認識できない」ことを直接的に意味してはいません。この実験には続きがあり，英語学習者は，先ほどと違い Who has more string? と聞かれた場合は，7割くらいが長い糸を持っているほうを選びます。さらに，「靴」のようにそもそも「量」を聞くことが不自然な場合に Who has more shoes? と聞かれた場合は英語話者も英語学習者も同じような回答をし（大きい靴一足ではなく小さいたくさんの靴を選ぶ），逆にマスタードなどを指して Who has more mustard? と聞かれた場合も，逆の回答傾向が見られます（お皿にマスタードが大量にぶちまけられている絵を選び，マスタードがお皿にちょびちょびと小分けして乗っている絵は選ばない）。つまり日本語話者は，英語話者と同じようにモノを切り分けて認識しているにもかかわらず，それを文法として表す英語を使うとなったときにはじめて問題が表出するということがわかります。

Inagaki（2014）の研究は，たとえ外国語学習者と第一言語話者の意識内容が類似していても，言語使用に困難を覚えることがあるということを示しています。実は，第二言語習得やバイリンガリズムの研究の多くは，第二言語を使った「言語使用」を対象とした場合，「第一言語話者のようにはできない」ことを示す研究が極めて多いのです。しかし「できない」ことが示されたとき，その認識ができないのか，形式と意味をつなぐことができないのか，それともさらに先の言語操作の段階で躓いているのか，という原因の究明において，研究者間でかなり活発な論争があります。

3.2.4. 二言語併用による認識の創発

Cook et al.（2006）のように「言語使用」ではなく学習者の「認

識」を扱った場合学習者は，初期段階では第一言語話者と異なる思考様式を持っていても，目標言語に習熟したり，触れる時間が長くなるにつれ，第一言語話者の思考様式に近づいていくという報告があります（ほかには Athanaspoulos and Kasai (2008) など）。また，第一言語で培われた「世界の切り分け方」は，第二言語の語彙の習得に影響を及ぼし，第一言語と第二言語の語彙の意味表象は全く異なる場合もあることが示されています（今井 (1993)）。これはつまり，同じものを指し示していると思われる単語であっても，第一言語話者と第二言語話者の語彙感覚には大きなズレが生じることが起こりうるということです。

　ただし，第二言語学習者の意識内容は，「一方的に目標言語の母語話者の思考様式に近づいていく」か，「自身の第一言語の影響を受け続ける」かという二項対立のどちらかに決まる，というわけではありません。たとえば次のような研究があります（Bylund and Athanaspoulos (2017)）。言語には時間を「距離」としてとらえる言語（スウェーデン語など）と「量」としてとらえる言語（スペイン語など）があるといわれています。つまり前者は主に「時間が短い」というような表現をし，後者は「時間が少ない」という表現をより好みます。このような思考様式の異なりがあることから，スウェーデン語話者は「長さ」にかかわる処理をしながら時間の処理をしようとする（異なるスピードで伸び縮みする線のアニメーションをみながら時間を見積もる）と混乱が生じてしまう一方で，スペイン語話者はそのような混乱が起きません。しかし，時間の処理を「量」の処理と同時に行わせる（容器が満たされるスピードが操作される中で，その時間の経過を見積もる）と，混乱するのはスペイン語話者のほうになります。一方，二言語を併用する話者は，実験の指示に言語が使われたかどうかや，使われた言語がスペイン語かスウェーデン語か，などの条件によって，かなり柔軟に認知の枠組み

98

を変えていることが示唆されました。

これらはいずれも，言語と意識にかかわる興味深い研究です。先の"Who has more strings?"の実験結果を解釈する際には，強い解釈でのサピア＝ウォーフの仮説は強すぎるように感じます。なぜなら，数を文法的に表さない日本語話者が，数を概念レベルで表象していないわけではないからです。ただ，英語を用いるときには，日本語話者は英語の規範的な文法を使うことができないのも事実です。この現象は「話すための思考」仮説で説明することができます。つまり，第二言語学習者は，第一言語である日本語で表現できない文法項目から無意識に目をそらしてしまったり，余計なところに注意してしまったりするということです。その結果としてしばしば，影響を受けた概念の知識習得や使用が困難になるのです。このように，日本語話者は英語話者と同じような「概念」は持っているのにもかかわらず，日本語と英語の文法的な構造に対応が薄いために，英語使用に困難が生じてしまうことがあるのです。このことの証拠は，現在はたくさんの研究者から提示されています（たとえば，Ellis and Sagarra (2010)，Murakami and Alexopoulou (2016)，Tamura et al. (2016)）。第一言語と第二言語とでは，ある出来事や事象をどのように切り取ってどのような言葉で表現するかが異なるため，このようなことが起こります。

それに加え，時間を解釈する際の「距離」と「量」の研究（Bylund and Athanaspoulos (2017)）が示す実験結果は，「話すための思考仮説」をはじめとする言語相対論が主張するような形で第一言語が一方的に人の世界認知の様式を支配している**わけではない**，ということを示唆しています。そうではなく，多言語併用話者はさまざまな世界の見方をもち，その複数の見方を状況に応じてダイナミックに切り替えているということです。

このように，第二言語話者は第一言語とも第二言語とも異なる意

識内容（認識や心的システム）を持つ，さらに言うと，複数言語話者は単一言語話者とは異なる認識や心的システムを新たに創発させると考えられます。この考え方を，**マルチ・コンピテンス**といいます (Cook (2008))。第二言語話者が第一言語から目標言語に一方的に近づいていくわけではなく，そのどちらともいえない独特の意識内容を持つようになるのです。またそれは，決して目標言語の上級使用者になってからというわけではなく，外国語学習の極めて初級段階から見られ始めることが知られています (Harada (2007), Murahata (2010))。

このような形で，第二言語を用いた研究は，言語と意識に関わる認知科学分野でその根幹に知見を提供する重要なものとなっています。

これらの結果は，サピア＝ウォーフの仮説の強い解釈の示すほど——要するにピンカーの批判に強く応酬できるほど——大きな影響ではないかもしれません。しかし時には私たちが当然視している「常識」を揺さぶるほど，持つ言語によって人の認識は異なるように思います。また，言語が思考を一義的に決定するわけではないにせよ，これまでの研究結果からは，言語と思考はある程度の相互作用を持ってダイナミックに変容していくものと考えられそうです。このように，言語が直接的に世界を反映しているのではなく，その間に人間の認識が不可避的に介在するとすれば，この言語と思考の相互作用は人の認知にとってそれほど取るに足らない些末なものだと切り捨てることができるでしょうか。

また言語個別の異なりにより，世界の認識の仕方に若干の，ときには大きなずれが生じる場合があることは，外国語学習において，私たちは十分に認識しておく必要があります。応用言語学者の松村昌紀は，前章で記した言語習得の社会－文化的側面に関する考察も踏まえ，第二言語学習者が第一言語によって獲得した概念を基盤に

して，そこに新しい言語の言語形式を乗せるだけで言語を操ることができるという考えに対して，「それは問題を単純化しすぎている（松村（2012, p. 61））」と批判しています。そして，「第二言語の習得とは，その使用の実体験による新しい自己の創出であり，現実世界をその言語を通じて再定義・再創造していくことである」と述べます。

　また学習者は複数言語使用者として，多くの認識の枠組みを得て自身の認識のしかたが「当たり前」ではないことを理解することが求められます。これは，異文化の理解において不可避的に必要となる考え方です。前述のフランツ・ボアズは，当時の特定の文化的習慣の差異を取り上げてある文化が優れている・劣っているといったことを論じる風潮に抗して，文化はそれぞれ独自性を持っており，外部から特定の価値観によってその優劣を判断することはできないとする文化相対論を唱えた人です。そういったボアズの思想は，教え子にあたるルース・ベネディクトやマーガレット・ミードといった20世紀を代表する文化人類学者にも受け継がれます。文化のフィルターによって人の思考はパターン化されており，そのため人はどうしても脚色された世界の見方をしてしまいます。それを踏まえたうえで異文化に対し適切な判断・対応をするためには，自身の認識を批判的に検討することがとても重要です。またマルチ・コンピテンスも，二言語併用者の認識のユニークさを強調することで，単一言語話者を絶対的なモデルとし第二言語話者をそこから「劣ったもの」として見ることに反発する文脈で言及されます。

　そして，第二言語において学習者は概念を表象しているにもかかわらず，その概念を文法として表さないことがあるということもしっかりと認識しておく必要があります。先述のように，第二言語学習者は，いわゆるネイティブスピーカーのような言語使用をするわけでもなければ，望んで頑張ったらできるようになるでもありま

せん。このような事実がある以上,「どんな文法事項でもきちんと
教えれば正確な言語使用ができるようになるはずだ」という主張は
幻想ですし,「正確な言語使用ができないのは努力が足りないせい
だ」という主張は意味をなさないということです(そしてそもそも
「何が正確か」は得てして,特定の社会で権威を持つ言語の話者が
どのようにその言語を使用しているかによって決められているもの
です)。

　余談ですが,近年では,ネイティブスピーカーと第二言語・外国
語学習者の言語使用は本質的に異なり,それぞれの言語使用を尊重
すべきという見方が優勢となっています。その考え方には私も上記
の通り賛同しますが,そのことから第一言語と第二言語の比較を行
うこと自体が「ネイティブスピーカーを規範とする誤ったアプロー
チ」とみなされがちです。確かに「ネイティブスピーカー」という
のがそもそも定義できるものなのかという問題がありますし,この
二者の比較により見つけた異なりを「埋めるべき溝」として論じた
り,学習者が「劣ったもの」をみなすことには大きな問題がありま
す。しかし,逆に学習者ができるようになること／ならないことを
考察しなければ,「なんでも頑張ればできるようになる」という誤っ
た認識に基づく信念が生まれ,学習者に無理を強いることにもつな
がります。上記のように言語と認識に密接なかかわりがあるからこ
そ,どのような部分が類似していて,どのような部分が異なるのか
を明らかにすること,そして第二言語学習者はそれぞれのもつ第一
言語に起因して,何ができて何ができないのかを理解することは,
人間の認知一般を明らかにするという学術的な価値だけでなく,外
国語学習や教育を考える上でも非常に大切なことだと私は考えてい
ます。

　ちなみに言語と意識の密接なかかわりは,言語が異なるときに
限って現れるわけではありません。人間はある出来事を言葉によっ

102

て説明するときに，同じ言語を使って同じ事象を描写するとして
も，当然ながら決められた表現をみんなが同じように用いるわけで
はありません。むしろ人はそれぞれ，その事象や出来事の捉え方に
よってさまざまな表現形式を使い分けます。たとえば，毛並みの良
い猫を撫でるというシチュエーションの場合，次のような異なる言
い方があります。

(4) a. Go on, you have a stroke of it!
    b. Go on, you give it a stroke!　　　　(Dixon (2005: 472))

(4b) のように give という動詞を用いた場合，動作主の you が意
図的に，撫でることによって被動作主の猫に何かを移動するという
意味が含まれます。この場合の「移動」の意味はメタファー的に拡
張され，この場合「猫に影響を与える」という意味になります。し
たがってこの (4b) には，撫でることによって猫を気持ちよい思い
をさせるという意味合いが含まれます。しかし，(4a) にある have
という動詞にはそのような移動の意味は含まれないので，毛並みの
いい猫を撫でることによって，その手触りを動作主である you が
楽しむという意味になります。つまりこれらは，発話をする人がど
のような背景をもってその出来事を認識し，その出来事のどの部分
に注意を向けて切り取り，どのような意図をもって言葉を発するか
によって言い方が全く変わってくるということです。文法形式とそ
の命題的意味を結びつけるだけの指導法の限界は，このようなとこ
ろにも見えてきます。

　さて，少し話を戻します。さきほど示した複数形の -s に代表さ
れる，第二言語話者の特定の言語使用に困難が生じる現象に関して
「学習者が第一言語で表現できない文法項目から目をそらしてしま
うことが原因」と説明をしました。しかしその場合，まてよ，私た
ちは複数形の -s のような文法形式を，きちんと意識して勉強して

きたではないか，と思う人もいるはずです。私は，これらの文法項目を無意識的に使えるようにならないのは，これらの項目が「無意識的ではあるが意味理解を行うために処理されている状態」を繰り返す必要があり，そのような状況を作るのは第二言語使用においては困難であるからではないかと考えているのですが（その理由は第4章で論じます），この部分を詳細にみるにあたっては，いま一度，言語にかかわる意識内容の話から，意識の機能の話に戻らなくてはいけません。次節では，まず第二言語学習者が所持する「知識」について説明し，その後，意識が外国語知識の習得においてどのような役割をもつのかを見ていくこととします。

3.3. 明示的知識と暗示的知識

3.3.1. 学習者が身につける知識

　日本の中学校を卒業した人は，だいたいが英語を事実上の必修科目として学んだ経験があると思います。なので，授業を受けた人ならばほんの断片でも英語の知識[2]を持っているはずです。得意不得意はあるでしょうから，中には「あー過去形とか聞いたことあるわー」くらいの人もいるかもしれませんが，それもある種の「知識」であるといえます。

　では，外国語学習においては，学習者はどのような知識を身につけるべきなのでしょうか。第二言語習得研究の「伝統」では，それをいわゆるネイティブスピーカーとか，非常に外国語習熟度の高い学習者を対象として，その言語運用を分析することでこの問いに答

---

[2] もちろん，知識というのはさまざまな種類や対象がありますが，この本では，特に言及がない場合，「知識」といった場合，「文法知識」を念頭に話を進めることとします。

104

えようとしてきました。換言すると，「ネイティブスピーカーの英語力」を究極の到達地点として，そこに向かうように第二言語習得が進むという仮定をおくことで発展してきたという経緯があります（先ほど述べた「ネイティブと学習者との比較」への批判は，もともとはそういった経緯への反省から生じたものでもあります）。

　ネイティブスピーカーの言語運用能力を考えると，まずしゃべったり読んだりするのがとても速いことがわかります。そして，学習者と比べて，あまり頑張ってないというか，必死ではない感じがします。学校で英語をしゃべったり読んだりさせられているときはとても頭をつかっていた気がしますが，ネイティブはどうもそんなに一生懸命しゃべっている感じがしません。そして本書のメインテーマですが，学習者は外国語をしゃべるとき，習ったことを必死に**意識している**気がするけれど，第一言語は**無意識**に使っているような気がします。このような特徴をあぶりだしていくと，次の表のようにまとめられます。つまり，ネイティブの知識は，無意識的で速く自動的に処理され，文法に注意せず主に意味内容に注意していても使えて，苦労している感じもなく，意識しなくても習得される。それに対して学習者の知識は，意識的で動作も遅く，自動的に処理されず，文法に注意しなければ使えなくて，使うのに苦労し，意識的に習得される，という特徴の違いがあるということです。このような違いは，人が運動などのスキルを習得する際にも用いられる説明の，心理学でいう「自動的処理」と「統制的処理」という区別と類似していることから，第二言語習得の黎明期にこの研究分野にさかんに輸入されることとなります（たとえば McLaughlin (1987)）。第二言語習得研究では，前者のネイティブスピーカーが持っているような知識を**暗示的知識**（implicit knowledge），かわりに流暢でない学習者が相対的に多く頼っているようなタイプの知識を**明示的知識**（explicit knowledge）と呼びます。

第3章 言語と意識 105

表1. 明示的知識・暗示的知識の弁別的特徴

学習者の知識（明示的知識）	ネイティブの知識（暗示的知識）
意識的に使用される	無意識的に使用される
使用時に文法形式に焦点	使用時に意味に焦点
作動が遅い	作動が速い
自動的に使用できない	自動的に使用できる
使うのに苦労する	使うのに苦労しない
主に意識的に学習される	主に無意識的に学習される

これはすでに述べた，認知心理学で使われる「意識的知識」と「無意識的知識」と似ており，第二言語習得研究者の中では同義に使う人もいますが，内実は結構大きく異なります。明示的・暗示的知識は，上記のような記述からその弁別的特徴を思弁的に推論したものであり，意識的に使用されるか否かはその想定される特徴の一つにすぎませんが，意識的・無意識的知識は，言語が意識的に使用されるか否かのみで区分けされるものです。[3] 第二言語習得の研究者がこのことにどれだけ自覚的なのかはわかりませんが，実は明示的・暗示的知識の差としてアウェアネスの有無が暗黙の了解になっている一方で，明示的・暗示的知識の研究でアウェアネスが直接測定さ

---

[3] これは結構大きな違いで，明示的・暗示的知識はそのような直観的な区別を測定していると考えられる複数の相関の高いテスト群（p. 122 で説明する「テストバッテリー」）によって，その知識が測定されているとみなすという認識論的（epistemological）な議論に基づいているのに対し，意識的・無意識的知識は，アウェアネスという概念が測定に対して因果的に影響を及ぼしているという存在論的（ontological）な議論に基づいて発展してきたという違いがあります。ややこしい話でここではこれ以上深入りしませんが，研究者でも前提が結構違うところの辻褄を合わせようとして破綻するのを見るので，より深入りする際には注意が必要です。

れることはあまり活発にはなされてきませんでした。[4]

　以上のように，第二言語習得は，言語使用が流暢なネイティブと，流暢ではない学習者の知識の違いを記述し，流暢ではない学習者の知識（明示的知識）の使用が，流暢な言語使用者であるネイティブの知識（暗示的知識）の使用に近づいていくという言語習得観にもとづいて研究をしてきました。そして，暗示的知識の習得を言語学習の最終的目標だとして，暗示的知識を身につけさせるにはどうしたらよいかという観点から，言語学習・教育に示唆を与えようと試みてきたのです。本書の序盤に示したように，「知らないけど使える」という知識がネイティブスピーカーにはあるので，文法知識を「知っている」ことと「使えること」とに区別するべきだという考え方です。そして「使えること」こそが大切で，その「使える」知識を身につけさせるためにはどのようにすればいいか研究しよう，ということです。

　ただし付け加えておきたいのは，この方法は第二言語習得研究が実験心理学的な基礎研究分野のひとつとして発展したからこのような方法に依拠したのであって，ここまでにもたびたび言及しているように，必ずしも「ネイティブスピーカーの言語使用」を教育的な目標に設定するのが正しいとは限らないということです。[5]たとえば日本の英語教育ではどのような英語を目標にすべきか，とか，公教育としての英語教育では何を身につけるべきか，というのは，たんにネイティブスピーカーがそうだからという理由で身につけなけ

---

　[4] 後に示す「アウェアネスのない学習論争」で対象となっている知識を「明示的知識・暗示的知識」と呼ぶ研究者がいますが，そこでは実際は表1で示される特徴の「意識的に使用される」か否かだけが論じられているので，そこで対象になっているのは本書で言うところの「明示的知識・暗示的知識」ではなく「意識的・無意識的知識」だと言えます。
　[5] こちらに関しては久保田（2015），藤原（2014）などを参照。

第3章 言語と意識　　107

ればいけないと言えることではありません。こちらはとりあえず本
書の射程ではないので深くは立ち入らないこととしますが，心にと
めておきたいことです。

　さて，第二言語習得研究ではこれら二種類の知識が多くの研究で
仮定され，研究が進められてきました。本書では紹介の順序が前後
していますが，第二言語習得研究ではどちらかというと，「第二言
語はどのように学ばれるのか」，「第二言語習得に必要なものは何
か」という問いを探求する中で，第二言語の知識は一枚岩では捉え
きれないかもしれないという疑問が生まれ，これら二種類の知識が
徐々に仮定されるようになってきたという経緯があります。ここで
少し第二言語習得研究を概観し，その中では習得，およびその対象
となる知識がどのように捉えられてきたのか，有名な理論やモデル
を概観しつつ説明してみようと思います。その後また明示的・暗示
的知識の研究に戻り，それらの知識がどう測定され，どのようなこ
とがわかりつつあるのかまとめていきます。

3.3.2.　知識の形成にかかわる第二言語習得研究
第二言語習得研究で提唱された理論やモデルは数多くあり，本書で
すべてを紹介することは到底できませんが，入門書や概論書の多く
が第二言語習得で提唱された三つの仮説——「インプット仮説」，「ア
ウトプット仮説」，そして「インタラクション仮説」——について触
れています。これら三つは，言語学習や教育の実践に応用しやすい
ためか，他の仮説と比較してもかなり頻繁に引用されているように
思います。この章ではこれらに触れながら（一部は再度のこととな
りますが），第二言語習得におけるインプット・アウトプット・イ
ンタラクションという主要な要因の役割について考察します。そし
てその上で，第二言語の学習とはどのようなものかという問いにつ
いて，これらの研究がどのような結論を出してきたかについて考え

てみます。

（1） インプットの役割

　インプットの役割について論じた第二言語習得研究黎明期の理論「**インプット仮説**」について，すでに少し説明した部分もありますが，より詳しくみていきましょう。インプット仮説の提唱者はスティーブン・クラッシェンで，彼はそれまでに示されてきた第二言語習得にまつわる多くの現象をまとめ上げ，包括的な説明を試みる中で，この仮説を提唱しました。インプット仮説の命題は，インプットの理解が第二言語習得の必要十分条件であるというものです。これはインプット，つまり学習者が言語を読んだり聞いたりすることによって「入力」する言語情報がなければ第二言語習得は起こらないし，そのインプットさえあれば第二言語習得は完結するという考え方です。ただし，ここでの「インプット」は理解可能なものでなければなりませんので，知らない言葉を BGM のように聞き流し続けることは言語学習上，効果的ではないということになります。一方で，理解可能でなければならないとはいえ，知っていることばかり見聞きしても新しい知識は増えません。なので，学習者は自分が完全に理解できるものより少しだけ難しいインプット（i ＋1 とクラッシェンは呼びます）が必要だとします。

　この命題を中心に，提唱者のクラッシェンはいろいろと補助仮説を提示しています。たとえば，インプットを理解するだけで十分だなんて言いすぎではないか，文法を定着させるためのドリル的な練習で身につくものだってあるぞ，という意見に対しては，いやいや，ゴリゴリ規則を暗記して練習して身につけた知識（学習された知識）と，インプット理解で自然に学んだ知識（習得された知識）は違って，そして後者が言語使用を担っているのだという「**学習‒習得仮説**」を用いて反論します。おおむね，前者は本書で扱ったと

ころの意識的知識，後者は無意識的知識にあたります。そのことと関連して，第二言語習得には自然な習得順序があって，意識的に文法を学んでもその順序は変えられない，と「**自然な習得順序仮説**」を説きます。教えたものはすぐ覚えるけど，実際の言語運用を調査すると，この順序に従っていることが多い。それは，意識的な学習によって得られた知識と無意識的知識によって得られた知識が異なり，後者が言語運用を担っているからに他ならない，ということです。クラッシェンの提唱した習得順序（対象言語は英語）は次の図のようなものです (Krashen (1985))。

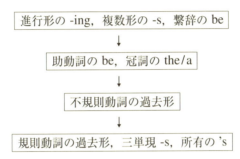

クラッシェンは先行研究の実験結果に基づき，図の四角で囲った中の習得順序は入れ替わることもあるけれど，それ以外の部分は，どのような学習者が英語を学習するのであれ入れ替わることはないと主張しています。そして彼は，意識的に学習した知識は，時間があって課題の負荷が強くないときに，自分の言語使用を修正するなどしてサポートする「モニター」としての役割しか持たないとも述べています（**モニター仮説**）。また，学習者が極度に緊張していたり，全く学習意欲がなかったりなどの状況下でインプットを与えられてもそのインプットは十分にその取り入れが行われないという「**情意フィルター仮説**」も提唱しています。

これは一見して非常にわかりやすく，直観にもよく合うもので

す。そもそも何の資料（インプット）も参照することなく学習が起こることはないし，自然な習得順序が正しいとするならば，暗記とドリルで頑張って学んだ知識でいっこうにしゃべれるようにならないのか，という不思議にも答えを提示しています（つまりまだ知識が，言語使用の際に利用できる段階にないということです）。それに，本書で触れてきたように，学習者であっても無意識的に学んでいると思わしき文法規則は探せばいくつもみつかります。そしていくら簡単なことでも，わかりやすい解説を聞いても，緊張しすぎていたりやる気がなかったりしたら学ぶことも少なくなりそうです。

　「理解できるものより『少し』難しい，とはいっても，その『少し』とはどれくらいなんだ」という，その定義のあいまいさに対する批判が起こったり，「確かにインプット漬けにしてみたら理解度はネイティブスピーカーに劣らないものになったけれど，文法知識はそこまでに至らなかった」とする報告が出たりしたことから，インプットが習得の十分条件とは言い過ぎだろうという反論が生まれました。またそもそもどの言語を第一言語に持つかによって第二言語の習得順序は変わりうるという意見が出たりもして，その後多くの批判にさらされることになります。ただ現在でも，「自然な習得順序はあるのか，その普遍性と個別性はどの程度のものか」，「どのようなタイプのインプットが習得を促すのか」といった研究にこの問題意識は継承されています。また本書がここまでに示してきたように，意識的に学んだ知識と無意識的に学んだ知識は違うのか，違うとしたらどのような異なりがみられるのか，意識的に学んで「知っている知識」は，言語運用にどの程度役に立つものなのかといった問いを探求する現在最先端の研究にも引き継がれています。

　自然な習得順序については，完全な普遍性を持つという意見は否定されつつありますが，何らかの類の，学習者に共通する言語項目の習得困難性はあるのではないかと言われています。たとえば，

Goldschneider and DeKeyser (2001) では，言語の卓立性に関するいくつかの要因（意味的な複雑さとか，聞こえやすさなど）を使えば，統計的に英語の文法形態素[6]の習得順序はだいたい説明できると主張しています。ただし，日本語を第一言語とする英語学習者にも全く同じ習得順序が当てはまるかというと否定的な意見も多くあります。Luk and Shirai (2009) は，過去の日本語話者を対象とした研究を整理して，普遍的なものとして提唱されたはずの英語の文法形態素習得順序では比較的簡単とされている複数形や冠詞は，日本語話者にとって習得困難で，逆に難しいとされてきた所有の's の習得は困難でないと述べています。確かに，日本語話者としては直観的にそんな気はします。そのほかにも，Murakami and Alexopoulou (2016) は，たくさんの言語話者の英語使用データを分析することで，第一言語の影響をどの程度受けやすいかは文法形態素によって異なり，一部の形態素はどの話者にとっても共通した習得困難度をもつことを示しています。

　またこれまで見てきたように，学習者はいかに指導を受けようと，ある過程で単なる「うっかりミス」ではない，体系的な「誤用」を含む言語使用を行います（頭ではわかっているのに，喋るときには一貫して run を runned と活用するなど）。第二言語・外国語の学習は，ネイティブの基準に対して足りないものを足し，間違っているものを埋めつつまっすぐに進むものではなく，言語の使用を通してさまざまな要因の影響を受け，行きつ戻りつしているように見える段階を経ながら複雑に展開するプロセスであると言えます。このような様子を第二言語習得研究者は，「内的シラバス」（つまり，指導者が作ったシラバスではなく，学習者が心の中に持っているシラバスに沿って発達が進むということ）や「中間言語」（つまり，

---

[6] "-s" や "-ed" など，言語において意味を表す最小単位のこと。

ネイティブ基準から見て知識が足りないのではなく，学習者はそれぞれの学習過程で体系立った知識を持っているということ）という言葉を使い説明しています。

クラッシェンの「自然な習得順序仮説」は，その普遍性を前面に押し出した点を否定されることで徐々にそのままの形で受け入れる研究者は減ってきています。ただし，第一言語などの違いによる影響があったとしても，その中で学習者が困難に感じる点はかなり似通っており，そのため同じ環境にいる学習者は似たルートで発達が順を追って進んでいくように見えるということまでは完全に否定されているわけではありません。

さて，次はもう一つの観点，「インプットのタイプ」についてです。第3章で触れたように，用法基盤モデルでは第二言語の文法習得はインプットの頻度とパターンにより形成されると説明されています。もともと人の発話や書き言葉（すなわち学習者にとってのインプット）には，いろいろな構文がまんべんなく，もしくはランダムに出てくるわけではなく，ある特定の典型性の高い構文が高い頻度で出てくるという特徴があります。なんでそうなっているかというといろいろ説明はあるのですが，一つは世界がそうなっていて，それを人が表現しようとするとそのような偏りが自然に生まれるというものです。[7] 先ほどの頻度の違いというのもそういった世界の成り立ちから生まれるわけですが，たとえば see という語が，

---

[7] わかりやすさを優先してこの説明を採用しましたが，この説明はあるレベルでは正しいにせよ，それだけで説明できない側面もあります。たとえば，テクストの種類を超えて頻度の偏りが一定であることがあったり，人の世界認識とは異なる固定的なコロケーションがあったりもします。ジョン・R・テイラーは，このような頻度の偏りは「世界についての事実，または，話し手の興味関心についての事実とみなすのではなく，言語についての事実と捉える必要がある」（Taylor (2012)）と述べています。

recognize という語と同じ頻度で出現するわけではありませんよね。前者のほうが圧倒的によりよく接する機会があるというのは直観的にわかると思います。the という冠詞が多くなるのも，人が何かを伝えようとすると，自然とさまざまな名詞を使うことになり，その多くの名詞に付加的な意味を与えるために頻繁に使用されるからです。このような「偏り」は，概念同士の結びつきや形式の連鎖などにも当てはまりますが，少し専門的になりすぎるので省略します。とりあえずここで大切なのは，この「偏り」のような特徴は言語のいろいろな側面にみられるということです。

　すでに説明した用法基盤モデルでは，このようなインプットの特徴が，たとえば子どもの自然な言語獲得を促すような何らかの「補助」になっているのではないかと考えています。またこのような習得に対する「補助機能」は第二言語においても見られるとする研究も数多くあります。「自然な環境で使われている（真正性の高い）英語を与えるのは大事」とよく聞くように思いますが，それは「ネイティブスピーカーのような正確な言語インプット」だとか，「格式の高い教養人としての言語使用」だとかいうことが重要なのではなく，このような自然な言語使用に含まれているさまざまな特徴が言語を学ぶ際にそれぞれ役割を持っているということが重要なポイントなのかなと私は思います。

　このようなインプットの頻度に関わる「自然な歪み」に着目したCasenhiser and Goldberg（2005）の研究では，人工言語の構文を使って，次のような実験を行いました。ある一つのグループに，初めて見る五つの動詞がほぼ均等な数出てくるインプットを与えます。もう一つのグループには，一つの動詞がインプット中にたくさん含まれており，その他の動詞は1回ずつしか出てこないという偏ったインプットを与えます。実験では，学習者はビデオを見ながら音声でそのテクストを聞かされました。人工言語の構文は，たと

えば，The sun the sky fagoed（意味は The sun rises into the sky：太陽が空に昇る）といったもので，fagoed という単語や［名詞句 − 名詞句 − 動詞句］という語の並びに関する規則は人工的に作られたものです。そしてテストとして，流れてくる音声を聞きながら，異なる映像が二つ流され，そのどちらが流れている文と合致しているかを尋ね，理解度を確認するというものでした。結果として，一つの動詞が何度も出現するという偏ったインプットを受けたほうが，構文の習得が早かったと報告されています。このことは，与えられるインプットがどのようなものかによって習得の効率は変わるということを示しています。それだけではなく，言語習得は，典型的な構文を繰り返し処理することによって起こることを示しており，構文の頻度が偏った自然なインプットが言語習得を支えているという用法基盤モデルを支持しています。このように，インプットの頻度やその他さまざまな特徴は，学習初期から多くの側面で言語習得に対して重要な役割を持っています。

　第二言語習得研究では，インプットを理解することより進む形式と意味の結びつきの習得の研究が主に進められてきましたが，近年の第一言語獲得の研究では，人がインプットを受けた際に記憶していくのは形式の頻度や意味との結びつきだけではないことが示されてきています。それは談話や音声，それにとどまらずコミュニケーションが生じたときの状況——たとえば，誰と話していて，どこの地域の人で，どの程度フォーマルな状況で，話題は何だったか，など——を多面的に分析し，それを抽象化した形で記憶しているということです（Lachs, McMichael and Pisoni (2000), Tylor (2012)）。これらの事実は，言語の習得にはどの段階であれ，その形式と意味だけではなく，使用された状況を含むあらゆる情報を大量に取り込む必要があるということを示しています。

(2) アウトプットの役割

アウトプットの役割はすぐ前に見た,「インプット漬けにしたら理解度はネイティブスピーカーに劣らないものになったけれど,文法知識がそこまでに至らない」という自身の調査に着想を得たメリル・スウェイン (Merrill Swain) が強調したものです。スウェインは「**アウトプット仮説**」を提唱しました。ただし,その命題はインプットと同様にアウトプットが言語習得の必要十分条件だというものではなく,アウトプットは第二言語習得を下支えするプロセスを促進するというものです。スウェインはインプットの重要性は認めつつも,それだけでは足りない部分をアウトプットによって補うべきという主張を行っています。

アウトプットがなぜ大事なのかというと,まずアウトプットはインプットを浴びるだけでは十分に起こらない処理を促進するからだといいます。つまり,インプットの理解はある程度の統語処理を無視してしまっても行われるので(これは次章でも詳細に触れます),適度にアウトプットを行うことでその処理を促す必要があります。たとえば口頭でアウトプットを行うと,自分が言いたいことが言えないということがわかります。また,ネイティブスピーカーが言っていることと,自分が言っていることが違うということも,アウトプットを通して意識化されます。また,アウトプットを行うと,「メタ言語」を使うことが促されます。これはたとえば,「なんでここに -s が付いているんだろう,あ,複数だから -s をつけなければならないんだ」といったようなものです。これは言語使用そのものではなく,「言語に対しての言語」です。このような経験に基づく処理の意識化やメタ言語を使って言語に対して明確な意識を向けることが,言語習得において非常に大切であるとアウトプット仮説は主張します。ただし付け加えておきたいのは,これらの主張は文法習得にかかわる意識の役割を重視してはいますが,文法知識を体系

的・明示的に教えることの重要性を強く迫っているわけではないということです。むしろ，実際の言語使用とかい離しない形で文法への意識を喚起させ，その習得を促すことを重視するものです。

　また近年では，第一章で挙げたヴィゴツキーの社会−文化的発達理論を取り入れてアウトプットの機能を説明しています。知識の習得は頭の中だけで完結するものではなく，思考を独り言のように表出する，書き出すといった作業を通して意識化し，そこで用いられるメタ言語を媒介として，徐々に外部にある知識を自身のコントロール下に置くようになるという仮定がなされ，その後の研究に繋がっていきます。この理論的枠組みを適用した際に指す「アウトプット」は，目標言語の使用だけでなく，媒介語での説明なども含むもっと広い概念となってきています。そのため，勉強するときに取った私的メモに書かれている内容が研究対象になったり，またたとえばライティングを遂行する際に，教師から受け取ったフィードバックをもとに，先生はなぜこういう修正をしたのだろうと考えさせ，考えたことをすべて言語化するという「ランゲージング」（たとえば Suzuki（2012））なども，現在ではアウトプット研究の範疇になり，研究が進められています。

（3）　インタラクションの役割

　インタラクションとは日本語にすると「相互作用」で，この場合は人と人とのコミュニケーションなどを通じて相互に交流することを指しています。第二言語習得研究の黎明期にその重要性を説いた**インタラクション仮説**は，相互交流（インタラクション）によって生じる「言語的・会話的調整（後述します）」が，第二言語習得を促進するという命題を持つ仮説です。

　この仮説も，インプット仮説を取り込んだ延長線上に位置づけられるような仮説で，マイケル・ロング（Michael Long）によって提

唱されました。ロングは，理解可能なインプット i＋1 の重要性と，自然な習得順序の存在を双方を重視しています。では，発達段階に合ったインプットはどのように提供されるかという考察で，ロングは相互交流，つまり教師と学習者の，もしくは学習者間のやり取りに着目します。

私たちがインタラクションを行うときには，どのようなことが起こっているでしょうか。まず普通にやり取りが流れているうちはいいですが，何と言ったかわからなくなったら「ん？」とか「何？」と聞き返したり，「どういうこと？」と言い直しを求めたり，自分の理解が正しいか自信がなくなったら「つまりこういうことだよね？」と確認を出したりします。また近年の文脈で言えば，テニスを見ながら友人と SNS 上のメッセージのやり取りをしていて「やっぱりこいつはポレーの精度が違うな」と発し「ボレーな」と返すなどという，形式的なやり取りも行われます（ちなみにこれは本章執筆中に実際に私と友人の間におきた SNS でのテキスト上のやりとりです）。このようなやり取り全般を「言語的・会話的調整」と呼びます。第二言語においては，理解が曖昧な場合が増えますので，このようなやり取りの「量」は増えるでしょうが，原理的には同じような内容のやりとりが行われるはずです。

何でもないことのように思えますが，こういったやりとりは第二言語の習得上，非常に重要なことです。なぜなら，話し手はなんとか相手に自分の発話の内容を理解させようとして，問題が起こる都度相手に合わせて，相手の理解が曖昧な部分を言い直したり，言い換えたりしているからです。そして，理解された結果として，その相互交流が次の段階へと続いていくわけです。これはつまり，学習者の発達段階や理解度に合ったインプットがその度にかたちづくられて行くプロセスに他なりません。どんなにレベルを調整した教材を準備してもそれが発達段階にあっている保証はないのです。難し

すぎると理解はできませんが，簡単にしすぎるとそこから学ぶこと
は少なくなってしまいます。また，簡単にしようとするあまり元の
文章で使われていた，本来は学べるはずだった言語表現がそぎ落と
されたり，不自然な表現になってしまったりします。しかし，イン
タラクションを行うことにより，難しい内容に学習者が困難を感じ
るたびにそのレベルに合わせることができるようになり，学習者は
そこから多くのことを学べるようになります。以上のようなことか
ら，インタラクションの重要性をインタラクション仮説は強調しま
す。

　ちなみに，目標言語のインプットを与える場合，あらかじめ簡略
化されたテクストを渡すより，難しいテクストをインタラクション
によって調整したほうが学習者の理解度も上がり，習得も促進さ
れるという研究もあります（Pica, Young and Doughty (1987)，Pica
(1994) など）。さらにここから発展して，難しいテクストを簡単に
書き変えるより，インタラクションで起こるような説明をテクスト
に書き加えるなどしたほうが理解度および習得が促進されるという
研究もあります（Yano, Long and Ross (1994)）。インタラクション
を通して，学習者はさまざまな言語使用状況を体験し，そこから得
られた情報を基に自身の知識を徐々に体系化させていくのです。

　一応補足しておくと，これらの研究者の多くは言語習得において
教師の役割を低く見積もっているのではありません。そうではな
く，むしろ教師はインタラクションを重視した指導の中で適切なタ
イミングでフィードバックを行い，学習者が学習に躓いたタイミン
グをきっかけとして文法説明を行うなど，学習者の必要としている
ものを考慮しつつ到達目標まで導くという新たな役割を負うと考え
られているのです。

3.4. 第二言語習得研究からみる外国語学習の特徴

　このような研究を総括して外国語学習の特徴を考察するうえでは，先ほども登場したマイケル・ロングの論考（Long（2015）など）が参考になります。ロングが着目した事実は，大量のインプット理解が第二言語習得における重要なファクターになるということと，第二言語習得には学習の内的シラバスに沿った習得の道筋があり，しかし学習者ごとにその進度が大きく異なるということです。これらを同時に満たす方法をロングは考えます。

　出来合いのテクストを読み聞かせることで与えていては理解可能なインプットを学習者に合せて用意することは困難ですが，それは相互交流を通じて適宜行うことにより達成されます。そこで，学習者の発達段階にあわせるため，そういった相互交流に加えて，学習者がある単語や表現，文法に必要性を感じ，その理解を必要としたときにその学習・指導を行うほうが，学習者が第二言語習得プロセスに沿って適切なタイミングで必要なことを学ぶことができるとロングは考えました。また，相互交流を行うことで学習者にはより，インプット仮説の項で説明したような，自然な言語使用の特徴を保ったままのインプットを与えることができます。これは従来のように，「今日の文法事項」をあらかじめ用意しておいて，その練習を行い，その後になってはじめてコミュニケーション活動をやってみよう，という考え方とは逆方向のアプローチといえます。

　このように，第二言語／外国語は，いかにスモールステップで分かりやすく教えたところで自動車の運転のように一律にできるようになるものでもないのです。そのような理由から，意識的に学習したことを練習して無意識に使えるようになるという自動車教習所的な言語習得観を大前提とする立場をロングは否定します。それは端的に言って，第二言語習得のプロセスというのはそのような単純な

ものではないという主張でもあります。

　ロングの主張は，第二言語習得研究が「第二言語習得とはどのようなものだろう」という疑問に答えるべく明らかにしてきた知見を総括したものとも言え，またその知見を実践に落とし込もうとする際に，従来より唱えられてきたさまざまな「当たり前」を疑う材料になります。たとえば私は大学時代に第二外国語でスペイン語を学んだのですが，書店に行ってスペイン語の本を手に取ると，すべての参考書が，発音の仕方や数個の単語（リンゴとか机とか先生とか）を覚えたら，必ず英語でいうところの be 動詞のようなものの変化を覚え，過去形の活用や冠詞の使い方などを通り，ものにもよりますが過去完了のようなものや関係節のようなものを学習したら一冊が終わりになるという流れを採用していたのを思い出します。ほとんどすべての教材が最初から最後まで全単元の目的を文法に設定しており，特定の文法を使うことになる文脈を示すために，何らかの状況設定がなされます。そして，一通り「初級」だとか「中級」に設定されている文法が出尽くしたら終わりという作りになっていたように思います。第二外国語は旅行で使うなどといったニーズが最も多いと予想されるからか，題材には「買い物をする」，「レストランで注文をする」とか「依頼をする」というようなテーマの会話が多いです。しかしこの時，買い物をするのに使われる文法を覚えて文章の穴埋めをする（正しい形に変えて単語を入れてみましょう，というもの）だけじゃなくて，欲しい製品のラベルをいくつか示して，どれが自分のニーズに合ったものか推測して選ばせるとか，そういった「文法を使うことそのもの」が目標じゃない教材もあっていいと思いませんか。そしてページめくると，ああなるほど，こういう表現はこういうときに使うのね，と思えるような説明が付記してあって，自分の能力で理解できそうなところだけ読んで取り入れるという形になっているような教材だって考えられます。この形式

はロングの提唱するような，従来の文法積み上げ式のものとは逆の
アプローチになると思いますが，そういう教材は残念ながらまだ見
たことがありません。誰か作ったら教えてください。

さて，これらの第二言語習得研究が提示した知見をまとめると，
第二言語習得は外的にテクストを与え，語彙や文法規則を教授し，
それを使えるようにしていくプロセスではないということが再認識
できます。第二言語の習得は，豊かな相互交流を通して得られた言
語経験により，内的なシラバスに従って発達するプロセスであっ
て，学習者からみて外部の，教師などからの働きかけはその内的な
シラバスに呼応して自然な発達を促すためのものであるということ
が，これらの研究で主張されていることです。

3.5. 明示的知識・暗示的知識の測定と第二言語習得研究

さて，第二言語習得研究の三つの要因——インプット，アウトプッ
ト，そしてインタラクション——について概観する中で，やはり「意
識的に学んだこと」と「言語理解の中で無意識に学ぶこと」の違い，
意識が言語習得を促進するか否か，そして意識的に学んだ知識が実
用に耐える知識に変化するか，といった問題が，第二言語習得を理
解する鍵として取り上げられてきたことがわかると思います。その
後の第二言語習得研究では，この二種類の知識によりフォーカスを
絞り，上記の疑問に答えるべく研究を行ってきています。

まずこの流れの中で，多くの研究者がさまざまに方法を工夫し，
この明示的知識と暗示的知識をそれぞれ分けて測定しようと試行錯
誤してきました。長い間，たとえば文法性判断課題（文法的誤りを
含む文章と，含まない文章を読み，その文が文法的に的確かどうか
を判断する課題）に時間制限をつけ，即時的に利用できるとされて
いる暗示的知識を測定しようとしたり，従来の文法テストで明示的

知識を測っておいて，スピーキングテストの結果と比較したりという方法も行われました。このような場合，スピーキングテストのように自発的で準備時間が少ないものは暗示的知識を測定していると仮定しています。

こうしてさまざまな研究者が各々の工夫でテスト開発を行う中，ロッド・エリスという第二言語習得研究者が，これらバラバラのテストが実際のところ何を測定しているかを実証的に明らかにしようという理念のもと，プロジェクトチームを立ち上げ，大規模な研究を行いました。その結果は一冊の本 (R. Ellis et al. (2009)) に編纂され，発表されることとなります。

エリスが行った方法は，概略以下のようなことです。まず，これまでの測定に使われてきたテストを集め，多くの学習者に対して行います。その結果から，大きく分けてどのテストとどのテストが近いものを測っているといえるかを，統計的に分析します。エリスの結果では，何を測定しているのかあいまいな結果を示したテストを除くと，概ねそれらのテストは二つに分けることができ，そのテスト群を見てみると，それらはそれぞれ明示的知識・暗示的知識に対応していると考えられる，と主張しました。このようにエリスは，一つのテストで測定される内容には限界があるとして，ある測定対象の理解のためにいくつかのテストを同時に施行し（**テスト・バッテリーを組み**），測定の妥当化を試みました。

このようにしてテストの妥当性を主張し，それらのテストを用いることで，エリスらは明示的知識と暗示的知識の特徴をさらに明らかにしようと研究を行いました。たとえば，それらのテストを使って，各種の文法項目（冠詞，三単現の -s，複数形の -s，比較級，仮定法，関係節，など）の明示的・暗示的知識としての習得困難性や習得可能性を明らかにしようとしています。ここでは，明示的知識を測るテストでは高い得点を示すのに暗示的知識のテストでは全

然使えてないものがあったり，暗示的知識を使ったと思われる場合のほうが言語使用としては正確なものなどがあったりするという興味深い研究結果が示されています。ほかにも，指導を行うことで，明示的知識・暗示的知識がどの程度使えるようになるか，それがインプット（リーディングやリスニング）を重視した指導とアウトプット（スピーキングやライティング）を重視した指導で効果が異なるか，「ここが間違っている！」とはっきりフィードバックを行う場合と，教師が正しい言い方で直すことで暗に間違いを指摘するといった方法の比較などの研究が行われています。

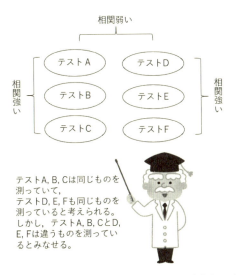

図9. テスト・バッテリーを用いた構成概念妥当化の考え方

このプロジェクトに後続して多くの研究が行われ，ある程度意見の一致をみたものもあれば，なかなか意見が一致しないものも多くあらわれました。しかし，この研究がその後の明示的・暗示的知識に関する研究を活性化させ，その結果ある方向には研究を前進させ

124

ることに成功したといえます。

　エリスらのプロジェクトに対しては，主に手法面からの指摘が多く行われてきました。たとえばテスト・バッテリーを検討する際の統計的不備が指摘されたり (Isemonger (2007))，暗示的知識を測定しているという課題も，よくよく調査してみると明示的知識が混ざってしまっているのではないかと指摘されたりしました (Suzuki and DeKeyser (2015))。また文法性判断課題の実験文を読んでみると，誤りを含む文章に *I can to speak French very well のような，そんな間違いするだろうかと思うような誤りが含まれていたりして,[8] 文法項目の難しさというより，その項目が対象としている文法とは関係なくたまたま簡単だったり難しかったりするだけじゃないだろうかと思えるようなものも多くあります。とはいえ，まず誰かがたたき台を作って，それを後続する研究者たちが精緻化していくということは研究の世界ではよくあることなので，批判を受けること自体は悪いことではありません。このプロジェクトの結果だけをみて何か結論を下すことはできなさそうですが，それから 10 年近くの月日が経ち，その後もさまざまな観点から研究が進んで，この流れの研究は現在でも精緻化され続けています。

3.6. 明示的知識と暗示的知識のインターフェース

　このような二種類の知識を前提とする立場の中でも，学習者が流暢な言語使用に至るまでの過程をどう説明するかに関して，さまざまな立場があります。この立場にはそれぞれ，**インターフェースの**

---

　[8] ただ私は，このような誤りを，形式的に指導を受けたことがない帰国子女の英作文にいくつか見つけたことがあります。もしかして，教室外での習得がメインの学習者には頻繁にみられる間違いなのかもしれません。

第3章　言語と意識　　125

ない立場，強いインターフェースの立場，そして弱いインター
フェースの立場という名前がついています。

　インターフェースというのは，この明示的知識と暗示的知識の接
点のことを指します。つまり，明示的知識が暗示的知識に変容する
か，それともそのような接点はなく，別々に発達するか，という点
で意見がわかれます。

3.6.1.　インターフェースのない立場

　インターフェースのない立場というのは，明示的知識と暗示的知
識には全く接点がなく，知識の変容を仮定しないという立場です。
つまり，明示的知識としていったん身につけた知識は，どれだけ練
習を積み重ねようとも明示的知識でありつづけ，暗示的知識になり
ようがないという立場です。この立場は，すでに紹介したインプッ
ト仮説のスティーブン・クラッシェンという研究者が該当します。
簡単に復習しておくと，クラッシェンは，「第二言語習得は無意識
的に行われ，意識的な学習は限られた役割しか持たない」という主
張をした人です。

　クラッシェンによると，第二言語の習得は基本的に第一言語の習
得と同じであり，言語使用は無意識的学習された知識が担うとして
います。一方で，意識的に学習された知識は，時間がたっぷりあ
り，注意が十分に向けられたときにしか使えないとしています。つ
まり，クラッシェンは無意識的**学習**と暗示的**知識**，そして意識的**学
習**と明示的**知識**の完全な対応を仮定している，といえます。そし
て，暗示的知識は意味の理解によってのみ達成され，自身の理解で
きるレベルよりすこし難しいものを処理したときに学習がおこると
し，読んだり聞いたりすることによって大量の言語情報に触れるこ
との大切さを説いています。

　大量の言語情報に触れることの大切さに関してはあまり批判はあ

126

りませんが，序章から述べているように，このように知識と学習に完全な対応関係を仮定するのはすこし無理があります。このクラッシェンの立場は極端なものであり，そのままの形で支持する研究者は現在ほとんどいないといっていいでしょう。しかし，このクラッシェンの仮説を多くの研究者が批判的に吟味することにより，研究分野が大きく進展しました。

3.6.2.　強いインターフェースの立場

　この立場は，明示的知識を身につけ，練習を何度も繰り返すことで明示的知識が暗示的知識に変容するという立場です。この立場は，認知科学者が提唱してきた「スキル習得理論」を理論的根拠にしており，そのスキル習得理論にのっとって，明示的知識と暗示的知識に対応するものとして「宣言的知識」と「手続き的知識」と呼んだりします。この立場では，外国語の習得はまず宣言的知識の定着からはじまり，その宣言的知識を，多様な練習を通して手続き的知識として変容させ，それを高速で使用できるようにすることを目指します。このように，この理論では，練習によって知識の処理スピードや負担に変容が生じることを「自動化」とよびます。自動化にともない，知識の処理は，より速く，安定して使用することができるようになると考えます。ただし，自動化は直線的に起こるのではなく，あるとき突然起こり，質的変容を遂げます。これを知識の「再構築（restructuring）」と呼びます。

　宣言的知識と手続き的知識についてもう少し詳細に説明をしておきましょう。宣言的知識は，「何を」知っているか（knowing what）にかかわる知識で，日常用語で何かを「知っている」と言う時にはこの宣言的知識を指すと思います。手続き的知識は「どのように」を知っているか（knowing how）にかかわる，手順や分類にかかわる知識と言われています。この二つは解剖学的にも脳の別の部位で

処理されます。明示的知識と暗示的知識はアウェアネスの有無で（も）区分けされる（とされている）概念ですが，宣言的知識は意識的にも無意識的にもなり，手続き的知識は常に無意識的な知識であるという点で，明示的・暗示的知識と宣言的・手続き的知識は実質的には異なるものです。

第一言語の研究によると，語彙と宣言的知識の学習能力には相関関係があり，一方で文法と手続き的知識の学習能力に相関がみられるようです。本来，手続き的知識と宣言的知識に厳密な変容のルートがあるわけではないのですが，手続き的知識の能力は年齢とともに衰える傾向があるため，第二言語の習得は主として宣言的に行われ，それでもインプットを処理し続けていると手続き化は行われるため，宣言的知識から手続き的知識に変容するプロセスであるように見えます。このことから，第二言語では特に「宣言的知識→手続き的知識」のような変容ルートが強く仮定されてきたのではないかと考えられます。

第二言語習得の強いインターフェースの立場は，スポーツをやったことがある人には理解されやすいものです。最初はたどたどしくしかできなかったことが，反復練習を重ねることによって速いスピードで，無意識的に，かつ正確にできるようになるというものです。野球の素振りを例にとっても，最初は体が開かないようにとか，体重が前のめりにならないようにとか，いろいろなことを意識しなければなりませんが，何度も素振りを繰り返しているうちに，そのようなことを全く意識しなくてもできるようになります。

この立場の問題点は，序章から述べているように「知っている知識」が，たくさん触れても「使える知識」にならない場合があることや，習った覚えがないのに，ある文法が使えるようになるという現象を十分に説明できない点にあります。このように言語の発達はスポーツのようなスキルの獲得とは異なるという立場から，強いイ

ンターフェースは批判されることとなります。また近年では，明示的知識を使っているときと，暗示的知識を使っているときでは，使用される脳の部位がことなるという結果などが，自動化という知識の連続的な変容を仮定する立場を批判する根拠として用いられることがあります（ただこの脳の処理領域は，そもそも強いインターフェースを支えている宣言的 - 手続き的知識でも「異なる」と述べているので，それほど強い批判になっているのかは少し疑問です）。

　とはいえ，ある程度練習によって明示的に知っている知識が速く使えるようになったり，ほとんど意識しなくても使えるようになったりすること自体はあると思います（たとえば日本で英語を学んだ学習者は How are you? といわれれば I'm fine, thank you とほぼ自動的に返すことができるのではないでしょうか）。しかしそのような過程をたどることができるかどうかは対象とする項目によっても異なります。しかし動作の繰り返しによって意識せずにも何かができるようになるという単純な理論には，言語習得に対しては包括的な説明力がないという批判もあります。

　しかしスキル習得理論で第二言語習得の説明を試みる立場の中では代表的な第二言語習得研究者であるロバート・ディカイザーは，言語発達の複雑さから見て，宣言的知識を身につけさせ，練習を重ねることで手続き的知識に「変容」させるというシンプルな説明にはやや誤解が伴うとして，もう少し複雑な発達段階を提起するようになりました (DeKeyser (2015))。ディカイザーの主張によると，学習者が宣言的知識を持っている場合，統制的な練習（新しい言語形式を何度も繰り返すような練習，たとえばパターンプラクティス[9]など）を重ねると手続き的知識を得ることはできるのですが，

---

　[9] たとえば先生が，テニスをしている人の絵を見せながら "I play tennis." といい，次に "主語を He" と言うと学習者がそれに続いて "He plays tennis." と

第3章　言語と意識　　129

それが安定して高速で使えるようになるには統制的な練習とは別に
「有意味な練習」が必要となるそうです。「有意味」というのは，活
動の主な対象が形式ではなく意味にある，ということです。形式を
重視した練習とはつまり，

> 問1：　以下の単語を並び替えて文法的に正しい文にしなさい。
> 　　　　[article/this/discussing/is/What]？
> 答：　　What is this article discussing?

といった練習が一例です。これは文法規則に沿って単語を入れ替え
ればよく，自分が伝えたい意味を適切に伝えるために言語を使うと
か，情報を得るために英文記事を読むとかいった意味に焦点のある
活動とは区別されます。つまりスキル習得理論に立脚しても，自動
化を達成して実用的な第二言語能力を手に入れるには，形式的な練
習だけではなく，意味に重点を置いた現実世界の言語使用に近いよ
うな活動を行う必要があるということです。ディカイザーはもとも
と有意味な練習の重要性を説いていましたが，学習者の知識がどの
ような段階にあるかによって必要な練習が異なるといった点を改め
て強調しています。

3.6.3.　弱いインターフェースの立場

　弱いインターフェースとは，インターフェースのない立場のよう
に，明示的知識と暗示的知識が完全に独立しているとは考えませ
ん。ですが，明示的知識が暗示的知識に変容することこそが言語発
達であるとも考えません。簡単に言って弱いインターフェースは，
明示的知識は暗示的知識の習得に役立つが，役立つためにはさまざ

いう，といった手続きを次々に行い，その日の目標となる構文や文法規則のパ
ターンを何度も繰り返すことで覚えさせる練習。

まな条件・制約があるという立場です。

その制約のうちの一つは，言語項目の習得は段階的に起こるという制約です。たとえば，三人称単数現在の -s は，複数形の -s を習得した後でしか習得されない，といったものです。学習者の心理的な言語発達が，ある特定の言語項目を習得するのに十分成熟したときにのみ，当該の言語項目が学習されるというものです。つまり，明示的知識を覚え，何度も練習したところで，学習者の言語発達がきちんと適正な発達段階に到達していないと，暗示的知識は身につかないという考えです。

もう一つは，明示的知識は気づきを促し，間接的に言語習得に役立つというものです。つまり，明示的知識を身につけただけでは暗示的知識の発達は保証されないが，明示的知識を身につけたのちに言語使用を行うと，言語使用中，意味理解中に，明示的知識としてもっている文法事項に「気づく」ことができ，それが習得を促すという考え方です。

このような弱いインターフェースの立場に立つと，インターフェースのない立場と同様に，第二言語の習得は主に意味の理解によってなされるということになります。そして，明示的知識はある条件が整った場合に，暗示的知識の習得に役立つと考えます。ただし，明示的知識を身につけるための文法学習と練習ばかりやっていても，言語使用に必要となる知識は身につかない，としています。この弱いインターフェース立場は，上記三つの立場のうち，現在の第二言語習得研究ではもっとも多くの研究者に支持されている立場といわれています。

3.7. 明示的・暗示的知識研究のもたらす示唆

ここまで述べてきた明示的・暗示的知識に関する研究が，どのよ

第3章　言語と意識　　131

うなことを示唆してきたのかについて述べます。

　まず，明示的知識・暗示的知識それぞれの習得の難しさは，対象によるということです。たとえば，三単現の -s，複数形の -s，過去形の -ed を例にとってみましょう。これらは，日本の教科書で言えば，中学校の比較的早い段階で学習するものです。これは，この文法項目を教えるために学習者が事前に知っておく必要がある事項が少なくて教えやすい（これらの概念が学問的に突き詰めると非常に複雑ではあるにせよ，三つとも「数」，「時制」，「人称」を教えるだけでとりあえずは説明できる）ということから，またはそのような理由から学習者が理解しやすいと思われているからでしょう。一方で，間接疑問文と呼ばれる文法項目（Do you know where he lives? のようなもの）は，それらよりも後になって学習します。この項目を理解するには，一般動詞の疑問文の作り方が解っていて，さらに疑問詞を理解していて，さらに二つの疑問文を組み合わせて節を作るということを理解させなくてはならなくて，そして後半の疑問文の倒置を解除しなくてはならなくて…。というような感じで積み上げて説明していくと，文法規則をしっかりと理解させるのはとても骨が折れることです。

　しかしたとえば，実際に言語使用を行ってもらうと，なんとか相手に意味を伝えようとする際に，Do you know? Where does he live? といったような発話が出てくることは頻繁にあります。その時に Do you know where he lives? と間接疑問文を含むインプットを与えてやると，学習者は案外すんなり理解できたりします。もちろん，Do you know where he live? となっていたり，Do you know where does he live? となっていたりして最初から文法的に一貫した発話をするわけではありませんが，こういった表現を使

い，他者に直されたり[10]していくうちに，徐々にそのような誤りは解消されていきます。

　このように，文法項目の「説明しやすさ」と「使いやすさ」というのは一貫していないことが多々あります。実際に，先に挙げたロッド・エリスのプロジェクトにおける調査 (Elder and Ellis (2009)) では，教えやすく日本においてはかなり序盤に学習事項として挙がっている「三単現の -s，複数形の -s，過去形の -ed」などは明示的知識としては身についていても暗示的知識として身についていない傾向にあり，逆に先の間接疑問文は暗示的知識として身に付きやすい傾向があることを報告しています。

　つぎに，上記したこととも関連しますが，しっかり説明して，練習したとしても，必ずしも知識や技能が身につくとは限らないものも多いということがわかります。上記した「三単現の -s，複数形の -s，過去形の -ed」は，中学英語ではかなり早い段階で学習し，多くの練習を行ってきたものかと思います。また，英語を使っていると非常に高い頻度で使用を求められる項目です。にもかかわらず，この項目を誤らずに使用することは極めて難しいものです。どのくらい難しいかというと，おそらく日本で TOEIC 800 点くらいある人でこれらの項目の規則を意識的に理解していない人はほとんどいないと思いますが，TOEIC 800 点くらいでは，自発的な言語使用においてこれらの項目を「誤りなく」用いることは，話し言葉でも

---

[10] 普通に会話をしていて文法を直される機会があるのかと懐疑的になるかもしれませんが，私たちは日常生活でも，間違ったことを言ったときに相手が正しい言い方で直したり（「ああー。つまり，〜〜ってことね」といった具合に），文法的におかしい時に「ん？」といった感じの表情で相手に違和感を伝えたりといったやりとりをかなり頻繁にしています。ただし，このようなやり取りの対象になりやすい文法項目となりにくい文法項目はあります。

書き言葉でもほとんど不可能ではないかと思います（ゆっくり考えた1文の発話であるとか，何度も推敲できる短いライティングなどでは可能かもしれませんが）。

　また，よく外国語学習の話になると，「基礎的知識」として明示的知識のようなものを身につける重要性が説かれるのを耳にしますが，書き言葉や話し言葉の形式的な正確さや複雑さが，流暢さよりも先に発達するという第二言語習得観を否定する研究は数多くあります。たとえば正確さと流暢さの発達は独立しておらず，連動して起こること（DeKeyser (1998)，Segalowitz (2003)）や，流暢に書けるようになってから複雑な文が安定して書けるようになっていくというプロセスが示唆されています（Fukuta and Kusanagi (2015)）。

　日本の難関大学の入試を突破するような「優秀な」大学生は，確かにその後，流暢な言語使用が行えるようになっていく気がしますし，実際に学歴と英語力（たとえばスピーキング力）は相関するものです。このことから，「基礎的知識」として正確な（規範的な）明示的知識をしっかり持っているからこそ，その後に流暢な言語使用ができるようになるのだと推論する人が多いのでしょうが，そのような因果関係はかなり怪しいものです。実際に「難関大学の入試を突破してきた大学生」を対象に授業をすると，たとえその学生たちがどんなに難しい文法をよく知っていたとしても，その大部分が単語単位の構造的に単純な発話や，No play tennis. だとか，I have not no idea. だとかいう，学習してきたであろう規範的な文法規則からは遠い発話を用いているのをよく耳にします。それはまるで学習を一から「やり直して」いるようにも見えるものです。

　このような現象を，明示的知識と暗示的知識という観点からみていくと，明示的知識が十分に発達するのを待ってから暗示的知識が発達し始めるというものではなく，明示的知識と暗示的知識はかなりの程度，独立して発達するものではないかと想定できます。明示

的知識をたくさん身につけたからといって，暗示的知識も付随して
たくさん持っているとは限らないし，練習を繰り返したからといっ
て，残念ながらそれらがすべて身につき実用的な言語運用に結び付
く（明示的知識の処理が自動化する）とは限らないのです。

　このような研究は，第二言語習得研究が探求してきた「学習者の
言語習得プロセス」について学術的な貢献をしてきたわけですが，
もっと私たちの身近な「外国語学習観」には，「外国語を学ぶ際の
『基礎』ってなんだろう」という問題を提起してくれるように思い
ます。その「基礎」は本当に，たくさんの文法事項の明示的知識を
意識的に身に着けることなのでしょうか。赤ちゃんが第一言語を獲
得するときのように，英語のシャワーを浴び続けることによって得
られる無意識的な知識なのでしょうか。その答えは「明示的知識は
無駄」か，「暗示的知識を身に着けることこそが言語教育のあるべ
き姿」であるか，といった二項対立で理解できるほど単純なもので
はありません。

　この章で論じたのは，学習者が外国語において学ぶ知識にはどの
ようなものがあるかという点です。「英語のシャワー」を浴びてい
るといつか口をついて言語が出てくるというのは楽観的に過ぎます
が，一方でよく聞くように，「活用できる知識を育むためには，基
礎的知識を詰め込む必要がある」という名目のもと，明示的知識を
まんべんなく理解することができれば外国語運用スキルの基礎が完
成するわけではないということがわかります。「言語は使っていれ
ば勝手にできるようになる」ということではなくとも，すべてを先
に説明され，理解し，それを反復練習するという従来の方法も見直
す価値はあります。

　さて，本章（特に後半）では主に「第二言語習得研究」で行われ
てきた意識関連研究を紹介してきました。これらの研究と並行し
て，隣接分野の認知心理学では，全く異なるアプローチで意識を探

る研究が行われてきており，近年になってこれらふたつの視点が統合されようとしています。次章では，認知心理学研究ではどのような研究が行われてきたのかを概観し，それが第二言語習得にどのような示唆を与えようとしているのかを考察していきます。

第 4 章

意識・無意識の科学と言語習得

ここからは，明示的知識と暗示的知識の研究とはまた少し異なった切り口で，学習者の知識に潜む「意識」を見ていこうと思います。より広く人間認知一般を対象とした分野で行われている科学的研究で，「意識」はどのように研究されてきたのでしょうか。

4.1.　人工文法パラダイム

4.1.1.　人工文法パラダイムの概要

　第二言語習得研究が，明示的・暗示的知識について研究を行っている中，認知心理学の分野では，p. 34 で紹介した認知心理学者のゾルタン・ディエネスらが中心となり，人工文法学習を使った多くの実験が行われてきました。彼らの目的は，人間に備わっているとされる「無意識に規則を学習する能力」がどのようになっているかを探求するというものです。そして彼らは，その「無意識に規則を学習する能力」が適応される例を言語学習と捉えます。

　まず，ディエネスらが行う人工文法実験で最も典型的なものを簡単に紹介します。ディエネスらは実験により，被験者にたとえば "XMMTYYZX" とか "MXMTYZZX" とかいった文字列をたくさん見せます。そしてその後，テスト段階に移り，「先ほど見た文字列の並びには，規則があります。次に見る文字列はその規則に従っているかどうか判断してください」といった感じで，被験者が知識を身につけたかどうかを確認します。

　文法規則は，次の図のようになっています。たとえば Grammar A の場合，最初は X か V で始まり，X で始まった場合 M を任意の回数繰り返し，その後には X がきて，次は R か M で，M になった場合その「文」は終了（上記の場合，参加者が読む「文法的」

な文は「XMMXM」といったもの),という具合です。見て頂いてわかるように,この規則はまっすぐ終点に向かうわけではなく,行きつ戻りつする入れ子構造になっています。

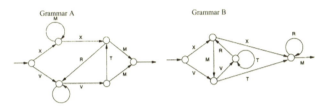

人工文法実験における「文法規則」を表す図 (Dienes and Scott (2005))より抜粋

テストの際には,被験者は項目ひとつひとつに対し,どうやってその判断をしたのかが尋ねられます。回答はたとえば,「全くあてずっぽう」,「全く規則はわからなかったけど,なんとなくこれが正解だと思う」,「学習時に気づいた規制を使って答えた」,「学習時に全く同じ文字列が出てきた」などとなります。さらに項目ごとに,「どのくらい自信を持って答えたか」も尋ねられ,これらを分析することで,学習者が意識的知識・無意識的知識のどちらを使って回答したか,そしてそれぞれの知識を使ったときに正答率はどうなっていたかを理論的・統計的に割り出します。

前述したように,ディエネスらは,ローゼンタールによる心の哲学の理論「高階の思考理論 (p. 30)」を援用し研究を行っています。ローゼンタールは,意識というものを,人の活動における基本的な心的表象をさらに高いところから眺めるような心的表象であると捉えていました。この「高階の思考理論」を用いると,「その言語報告は本当にその報告した対象に対する『高階の思考』を反映しているのか」ということが,意識の機能を探求する際に答えるべき問となります。そしてディエネスは,この「高階の思考理論」を援

用し，上記した人工文法における意識的・無意識的知識の使用にこの「高階の思考」が反映されていることをさまざまな実験により示そうとしました。

　基本的に，「高階の思考」が伴っているか否かを調べるには，学習者が自分の行動のどの部分をより高階からモニターしているかを示す必要があるため，言語報告が用いられます。ディエネスはただ言語報告をそのまま受け入れたわけではなく，言語報告が正しく高階の思考を反映しているかどうかを示すために，言語報告以外の行動を併せて分析することにより客観性を担保しようとしました。この確認に用いられるのが，「**推測基準**（guessing criterion）」と「**ゼロ相関基準**（zero-correlation criterion）」という二つの基準です。

　推測基準というのは，全くどういった知識も持っていないと学習者が判断する場合，つまり「完全に憶測で回答した」と学習者が述べている場合でも，実際に判断をしてもらうと，その判断の正答率が高いという現象を示すものです。このことから，「全くの無意識ではあるが何らかの知識を持っている」ことが判断されます。これは，学習者があらゆる「高階の思考」を持たない場合の知識の存在を示す──つまり，あらゆる側面でいって無意識的な，しかしそこに存在すると考えられる知識があること──を確証するための基準です（Dienes et al.（1995））。

　次に「ゼロ相関基準」です。これは，学習者が判断する際に使われる知識に対して「高階の思考」を持つ場合，回答の確信度（どれだけ自信を持って回答したか）が正答率と相関を持つという現象によって確認します。これは，無意識的に回答した場合，つまり高階の思想を伴わないで回答した場合，確信度との関連はみられず，逆に判断時の知識に高階の思考を伴う場合，確信度との関連が現れる，という事実に基づくものです。… 難しくなってきたので簡単に言い換えると，ある知識が意識的であれば，自信をもって答えた

ときに正答しやすくなるのですが，その知識が無意識的であれば，自信と関係なく正解するということです。これが「完全に推測で解答」したにもかかわらず正答率が偶然より高い場合に使われている知識と，「こっちが正しい気がする，理由はわからん」といって回答した際の知識の違いです。どちらも「無意識的知識」と言えそうですが，明らかに質が違うことがわかると思います。このような現象からある知識は無意識的だけれども，ある側面では意識的である，といえるのです。

　この現象についてディエネスは，人工文法実験における規則判断に対する知識は，刺激文の「構造に対する知識」と，テストの際にそのテスト項目が文法的な構造を持つか否かを「判断するための知識」を区別できると主張しています（たとえば Dienes and Scott (2005)）。そして，前者を**構造的知識**（structural knowledge），後者を**判断知識**（judgment knowledge）と呼んでいます。

　二種類の知識を使って文法性の判断を行っている，というのはピンときにくいかもしれません。ここでは一例として，日本語話者が日本語の文法的な適格性を判断する際のことを考えてみます。序章で述べた「昔々おじいさんとおばあさんは住んでいました」の文ですぐ判断できたように，こういった違和感は直観的に認識されるものです。なので，だいたいの人は「自分は完全に無意識的な知識を持っているのだ」と感じるでしょう。これは確かに，なぜ間違っているかという規則が説明できないという点で，少なくともある意味では無意識的です。ですが，狭い意味での「意識的」の定義，つまりアウェアネスを伴うというのは，「外部の情報を自分の行動のコントロールに用いることができる状態」のことでした。さて，この判断という行動に，言語の文法性という情報は活用されていないのでしょうか。おそらく健常な日本語話者であれば，この文は何かしら不適格な文であるという自信をもって，「判断」という行動のコ

ントロールに用いることができるはずです。それすら判断に用いることができない状態は「あてずっぽう」ですが，これは日本語話者の日本語文判断の直観とあてずっぽうは明らかに違います。ディエネスの理論を用いると，この状態は構造的知識，つまり「『は』の使い分けに働いている構造的な規則」は無意識的で，その適格性を判断するための判断知識は意識的であるというふうに説明を与えることができます。

　その後の多くの実験と考察により，この二種類の知識と意識的・無意識的知識には以下のような特徴があるとされ，さらに実験により検証が進められています。

　　・構造的知識も判断知識も，意識的（conscious）にも無意識的
　　　（unconscious）にもなりうる。
　　・構造的知識が無意識的な場合，判断知識は意識的にも無意識
　　　的にもなりうる。
　　・構造的知識が意識的な場合，判断知識は必ず意識的である。
　　・判断知識が意識的な場合，その正答率は確信度と相関する。

構造的知識と判断知識がともに無意識的であった場合，つまりローゼンタールの心の哲学理論でいうところの「高階の思考」を持たない場合，その知識は「推測（guessing）」，つまりあてずっぽうによるものとなります（推測基準）。つまり，もうどちらが正しいのか想像もつかないので，適当にこちら，と選択するような方法です。この場合と「全く何も知識がない」状態は，課題を偶然性より高い確率で正答することができることによって区別されます。そして，構造的知識は意識化されてはいないのに判断知識は意識的であった場合は，「なぜそのような判断を行ったか説明はできないが，それが正しいという感覚がある」という，先ほど述べたネイティブスピーカーの言語使用のような状態になります。その判断は先述のように

「直感」と呼ばれます。また，構造的知識が意識的な場合，どのような規則がその裏にあるのかという点には必ず意識的になるので，判断知識も意識的となり，この状態の判断は「規則」にもとづくものとされます。最後に，トレーニング段階で実験文をそのまま丸覚えして，それがテスト文と同じであるかどうかによって判断するものを「記憶」といい，これは規則の知識とは異なるものとして扱われます。これを図式化すると以下のようになります。

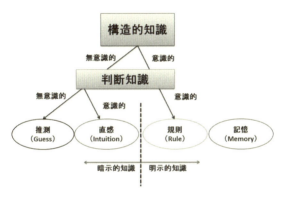

図11. 人工文法習得における構造的知識・判断知識における意識性の階層関係と判断源の対応関係，および第二言語習得で言う明示的知識・暗示的知識との関係（Dienes and Scott (2005) を図式化した福田 (2016) より引用）

これらはすべて，「構造的知識」および「判断知識」が意識的・無意識的という組み合わせからなるわけですが，その意識的か，無意識的か，という判断が正しいかどうかは，「高階の思考」を適切に反映できているかどうかをみることによって評価されます。

このディエネスらの「意識的知識・無意識的知識」を検討してきた人工文法パラダイム知見は，のちに第二言語習得研究者によっても認識され，導入が進みました。しかし，人工文法を用いた研究の

主張は,「明示的知識・暗示的知識」の特徴を解明してきた第二言語習得研究の結果と異なる点が散見されます。どのような点でそのような食い違いが起こり,そのような食い違いがなぜ起こるのかを,次節ではみていこうと思います。

4.1.2. 意識的・無意識的知識と明示的・暗示的知識研究の食い違い

まず,自然言語の習得を主として扱う第二言語習得研究では,概ね明示的知識が先で,暗示的知識があとに習得されるという仮定に基づいています(これは,明示的知識が暗示的知識に変容することをすべての理論が認めている,という意味ではありません)。つまり意識的に学習された,もしくは明示的に指導された結果された得た知識はすぐに習得され,一方で無意識的に低い労力で用いることのできる知識が身に付くのは時間がかかる,というものです。明示的知識なしで暗示的知識が身につくケースがあったとしても,少なくともたどたどしい言語使用を行う学習者は,ネイティブとは違い,暗示的知識が少なく,比較的明示的知識に頼った言語使用をしているという前提があります。これは,明示的知識優位の言語使用から,暗示的知識優位の言語使用へ発達に伴い変化するという仮定にほかなりません。

一方で人工文法習得研究では,**知識使用が変化する方向**の仮定が異なります。つまり人工文法を用いた研究においては,無意識的に活用される知識が,時間の経過とともに学習者自身が「意識せずとも自分は何らかの規則を知っている」ことに気づくことで意識化し,意識的に用いることができる知識が増えていくと考えます (Dienes and Scott (2005))。つまり,本来,文法的な知識は,意識的に習得された知識が無意識的に用いられるようになるのではなく,無意識的に習得された知識が徐々に意識化していくものであるとしています。第一言語の知識を想定すると分かりやすいと思います。

また，**誤りの一貫性**や，**知識の使用**にかかる速さに関しても，第二言語習得研究と人工文法研究は異なる結論を出しています。具体的に述べると，第二言語習得の研究では，第一言語と第二言語の異なりを生んでいる理由は，「知識が意識的に用いられるか，無意識的に用いられるか」が異なるからだと考えられています。つまりネイティブの言語使用においてなぜ，学習者のように発話が遅いとか，正確さが安定していないとかいう現象がみられないかというと，それはネイティブが暗示的知識を用いた言語使用を行っているからであると考えます。暗示的知識は体系的で安定しており，また暗示的知識へのアクセススピードは明示的知識より速いと仮定されているからです。そしてこれらの暗示的知識にみられると考えられる特徴が，正確で流暢な言語使用に貢献しているとしています。一方，人工文法研究は，無意識的な知識のほうの言語使用は安定しておらず誤りが多く（Reber (1989)），意識的・無意識的知識の異なりと知識を使うスピードには関連がないという，第二言語習得研究とは全く異なる研究結果を提示しているのです（Scott and Dienes (2010))。

こういった食い違いが起こる理由は，私が考える限りでは以下の二点が考えられます。一点目は，文字の並びの規則に関する知識を扱う人工言語を対象にした場合と，意味概念をもつ自然言語の習得を対象とした場合の違いです。そして二点目は，長期間での発達（第二言語習得研究）を見る場合と，ごく短期間での初期の知識習得（人工文法）を見る場合という違いに起因するのではないかと考えられます。

まず一点目に関しては，人工文法研究では，トレーニングのときに触れる文字列から規則（文法）を学習者が抽出し，その規則に照らして新しく見る文が正しいかどうかをテストで判断できれば，学習者が規則に対する知識表象を得たと考えます。この場合，対象と

なる文字列の規則体系を人工文法研究では「意味」と呼ぶのですが，これは自然言語における「概念」を指す「意味」とは本質的に異なります。これまでも述べてきたように，私たちは，「イヌ」という文字や音と，それが指し示す概念を一致させることで，「イヌ」という音は「犬」という概念を表すことを理解します。そしてこれが文法に拡張すると，「-s」という形式が，「複数」という意味を表しているということを学ぶことが求められます。しかしディエネスらの人工文法には，このように「指し示す対象」が存在しません。このような研究対象の違いが，二つの研究分野の実験結果の異なりに影響してきた可能性があると考えられます。

　ところで認知心理学がなぜ人工文法を好んで使ってきたかと言うと，それは厳密に統制された条件下で観察することができるという利点があるからです。

　「条件の統制」について，ひとつ例を出しましょう。言語習得の研究では，人が言語を理解する際に，「格情報」と「有生性」の情報どちらにより頼るか，という研究があります。たとえば，日本語では，どちらにどちらが影響を及ぼしたかということを，助詞の「が・を・に」などといった格標識（case marker）を用いて表します。「花子が太郎を殴った」という文を聞いた場合，「が」と「を」を処理して，影響関係が「花子→太郎」にあることを示します。なので，「太郎を花子が殴った」といっても，その影響関係は変わりません。一方で，英語は語順でそれを表します。"Hanako kicked Taro." と "Taro kicked Hanako." では，どちらがどちらを殴ったかという影響関係が変わってしまいます。日本語においては「が」と「を」，英語においては語順が格の情報を示しているわけです。しかし，このような意味を理解する際に，「有生性」も大きく影響します。たとえば，「太郎が机を蹴った」といった場合，格の情報を完全に無視（「太郎，机，蹴った」のように）してしまっても，どちら

がどちらに影響を与えたかは明白です。なぜなら，常識から言って，机は生き物ではない（有生ではない，無生）ので，人を蹴ったりしないからです。このように，どちらがどちらに影響を与えたかを処理する際に，人は格情報と有生性の情報のどちらに重きを置いているかを調査する研究があります。この研究結果は，第二言語の場合，第一言語がどのような言語体系になっているかによってどちらの情報により重きを置いているかが異なるとされています。また，実験対象となるのが子どもか大人かで結果が異なります。

しかし，「格」か「有生性」か，という問題は，簡単に片付くものではありません。格はふつう文法規則に関係するものであり，有生性は語彙的なものです。また，目標言語でそれぞれの情報を処理したことのある経験の頻度が異なる可能性もあります。このように，自然言語ではさまざまな影響が交絡しており，実験に際してどんな工夫をしてもダイレクトに原因が一つに絞れないことがよくあります。そういった際に，人工言語を使えば，さまざまな条件を研究者の都合のいいように変更でき，その情報を見聞きした頻度なども（ゼロに）統制することができます。

話題を戻しますが，人工言語にはさまざまな条件を統制できるという大きな利点がある一方で，自然言語の習得ほど長い間の学習経験を追うことがなかなか難しいという問題があります。通常は，自然言語と同じレベルの高熟達度学習者や，もちろんそれを第一言語とする話者を調査することはできません。

第二言語習得研究は，すでに記したように，ネイティブスピーカーや上級学習者の言語使用を観察し，その知識が「無意識的」で，「誤りに秩序があり，高速で使用される」という観察に基づき，無意識的に用いられるタイプの知識はそのような特性を持つとしてきました。この点で，SLA は実のところ対象となっている知識が本当に意識を伴っているか否か自体に関してはあまり焦点を当ててこ

なかったといえます。言いかえると，高速で用いられる知識が，本当はどれだけ無意識的に使われているのかという疑問に答えるためには，厳密に「意識の有無」を対象として実証的な研究が行われる必要があるわけですが，明示的・暗示的知識に含まれる「意識の有無」は暗黙の前提であったために，知識の中に含まれる意識の程度を考慮するような実験は，全くないわけではないにせよ，あまり行われてこなかったのです。

　その点で人工文法研究が明らかにしてきたのは，上記の知識運用の際のスピードや誤りの一貫性といった，第二言語習得研究の示す「暗示的知識」の特徴は，**必ずしも無意識的知識の特性ではない**可能性があるということでした。この知見は，上級学習者や第一言語話者の知識から，無意識に用いられる知識の特徴を推論するといった，第二言語習得研究が用いてきた方法は，無意識的知識の特徴をとらえる方法として限界があることを端的に示しているといえます。

　考えてみれば，子どもの発話でも，「うーん，うーん」と考えながら，ゆっくりと絞り出すように発話を行う時期があります。それはもちろん無意識的なタイプの知識のはずですが，決して作動が早いとは呼べないものです。大人になっても，自分の発話にかかわる規則をすべて言語化できるわけではないですが，大人が高速で使うことのできる知識は，子どもが使っているそれよりも，どこかがいくぶん「意識化」されたタイプの知識であるといえるでしょう（それが前述の「判断知識」に当たるわけです）。

　このことを考慮すると，人工文法習得研究が主張してきた「意識的に学習された知識は意識的に使用され，無意識的に学習された知識は無意識的に使用される」という意見や，「意識的学習と無意識的知識に関連性はない」という知見は，もしかして単に長期的な観察を欠いていることに起因する可能性もあります。先ほど述べたように，意識的な知識は短期間で発達し，無意識的な知識は発達に時

第4章 意識・無意識の科学と言語習得　　149

間がかかるとするならば，第二言語習得研究と人工文法習得研究の
それぞれのもたらしてきた知見が矛盾無く統合される可能性もあり
ます。要するに，学習初期段階で意識的知識として学習されたもの
は，無意識的知識よりもはやく使用できるようになりますが，無意
識的に学習された知識は，実用に足るレベルに至るまで少し時間が
かかり，長期的にみれば意識的知識を凌ぐような速度・正確さで用
いることができるようになる，ということです。また，意識的知識
の無意識化が人工文法習得でとりあげられないのも，それは，無意
識的知識の発達には人工文法語実験では観察できないほど長い時間
がかかるからなのかもしれません。

　いずれにせよこの点に関しては，まだ実証に至っていません。
「意識」をより綿密に測定した第二言語習得からの知見，およびよ
り長期的な発達を対象にした人工文法習得の知見が今後も多く出さ
れ，徐々に統合されていくことでしょう。

4.2. 「アウェアネスのない学習」論争

4.2.1. 無意識的学習の成否を巡って

　以上は知識に焦点を当ててきましたが，本章は，無意識的学習，
つまり学習時にアウェアネスが伴わない学習は可能か否か，という
点を掘り下げていきます。

　認知心理学の分野だけではなく，無意識的学習は可能か，もしく
は無意識的学習は意識的学習よりも「優っている」のか，または，
どこが優っていてどこが劣っているかなど，第二言語・外国語学習
の意識と無意識をめぐる問題に興味を持つ第二言語研究者たちはこ
れまでも多くいました。この点に関心を持つ第二言語習得研究者た
ちがどのようにしてこの問題に対処し，実験を行ってきたかという
と，2000年代前半までは，「指導条件」の比較を行うことが主流で

した。

　指導条件比較の実験方法を具体的に述べると，たとえばまずフランス語やイタリア語などの，ある文法項目や語彙項目を実験の対象に定めます。そして，それらの言語を学習したことがない人たち，もしくはその言語を学習したことはあるけれど対象の項目について知識がないような学習者を集め，その言語で書かれた対象項目（語彙や文法）を含む文を読むなどの課題を行います。その際，グループを2グループにランダムで均等に割り付けます。片方のグループはその項目に下線が引かれているなど，対象項目を意識しやすい工夫がなされます（実験群）。もう片方のグループは，そういった工夫が全くないか，むしろその項目から意識を逸らさせるような工夫がなされています（対照群）。前者のグループはより対象項目に意識的注意を向け，後者のグループはより意識的注意を向けていないと仮定されています。これら実験群と対象群の二つのグループの学習結果を比較することで，意識的注意，すなわち「気づき」の影響を特定する，というものです（たとえば Gass et al. (2003)，Rosa and O'Neil (1999)）。

　工夫されたやり方ではありますが，この方法は問題点も指摘され続けてきました。まず，全く何の工夫がされていなくても，実験材料に対象項目が含まれる以上，実験対象者はその項目を意識する可能性があるということです。たとえば，本を読んでいる際に，知らない言葉が出てきたりすると，別に何を言われたわけでなくても，これはなんだろうと想像を働かせて意味を意識的に推測することがあります。このような「学習しようという意図」のない学習は，授業などで未知語を学ぶという意図をもって行われる読解などの学習である「意図的学習（intentional learning）」と対比して，「付随的学習（incidental learning）」と呼ばれます。つまり，意識的学習や無意識的学習は，付随的学習の中でも起こりうるのです。

第 4 章　意識・無意識の科学と言語習得　　151

　もう一つの方法として，アメリカのジョージタウン大学のロナルド・リャオーは，思考表出法（Think aloud）という方法を用いて，付随的学習課題中の思考を記録し，事後的に学習者を，対象項目に「気づいた学習者」と「気づかなかった学習者」に分類し，分析を行うことでこの問題に対処しました（Leow（1997, 2000）など）。思考表出法とは，認知心理学で昔から現在までよく使われている方法で，「考えていることを独り言のようにずっとつぶやいてもらう」という方法です。たとえば，

　　$11 + 6 \div 2 =$

という計算問題で思考表出法を用いると，

　　A：　11 足す 6 は 17…いやちがう，そうだ，割り算と掛け
　　　　　算は先にやるのか…。6 を 2 で割ると，ええっと，3
　　　　　で，それに 11 足して 14 か。

という感じの発話データが収集できます。このデータをみると，この人は足し算より先に掛け算や割り算を行わなければいけないという数学のルールを知っていて，それを意識的に使って計算したということがわかります。

　この，事後的に分類する方法にも，もちろん欠点はあります。指導法比較の場合，実験対象者を 2 グループに，ランダムに割り振っているという条件がミソで，このことによって 2 グループの介入前の状態や能力に差がないことを保証しています（なのでたとえばランダムではなく，テストの点数にしたがってテスト点が同じになるように振り分けた 2 グループだと，テストの点以外の要因が統制されていない可能性が残されてしまいます）。気づいた学習者と気づいていない学習者を事後的に分類する方法では，片方に何らかの特徴を持った学習者が偏ってしまうことが避けられず，アウェア

ネスの有無以外の何かが実験結果に混入してしまう可能性があります。一方で，アウェアネスの有無自体は指導条件比較より確実に捉えることができるので，どちらの方法も一長一短であり，研究目的によって使い分け，慎重な解釈が必要なのですが，最近は後者の事後的に分類する方法が主流になってきました。

さて，リャオーが気づいた学習者と気づかなかった学習者を比較した結果，意識的学習を行ったと考えられる「気づいた学習者」は，無意識的学習を行ったと考えられる「気づかなかった学習者」よりも課題成績がおおむね優っていることを確認し，さらに項目の規則に気が付いた際に，「あれ？」となるだけではなく，与えられた情報から規則を抽出（つまり「あー，こういうときにはこういう規則が使われるのか」などと具体的に言う）した高いレベルのアウェアネスを示す学習者ほど学習成績がいいことを示し，学習における気づきの重要性を強調しました。

4.2.2. 半人工言語パラダイムによる検証

一方その後，ケンブリッジ大学のジョン・ウィリアムズ[1]は，第二言語で「半人工言語パラダイム」の実験を行いました（Williams (2004, 2005) など）。上述のリャオーは，**「気づきが学習を促進する効果をもたらすか」**に興味があったのですが，ウィリアムズはむしろ**「言語の無意識的学習が可能か否か」**，そして無意識的学習の性質自体に研究の焦点がありました。前者はどちらかというと第二言語習得研究者一般が探求してきた問いで，第二言語習得のメカニズムやその教育への応用に関心がある一方で，後者はどちらかというと認知心理学者が研究の課題としてきた，意識の機能の解明に焦点

---

[1] もしスターウォーズのオープニングテーマが頭の中で流れたら，それはプライミング効果です。ただ作曲者のウィリアムズはこの人とは関係ありません。

第4章　意識・無意識の科学と言語習得　　153

のある研究であると言えます。ウィリアムズの研究が発表されてからのちの十数年の間に、かなり多くの半人工言語パラダイムを用いた実証実験が発表されることになりました。

　実はウィリアムズ以前にも半人工言語のパラダイムは行われてきていたので、ウィリアムズはいうなれば「火付け役」のような存在で、第二言語習得に「導入」したのはまた別の研究者です。ただ、ウィリアムズのように、第二言語習得で無意識的学習を厳密に測定し、その存在を強調した研究がそれまではほとんどなく、ウィリアムズ論文はその後リャオーが批判したことにより論争が起こったこと、またウィリアムズやリャオーの門下生たちが積極的にこの論争に関する研究を行ったことで、このウィリアムズの研究は世界中の研究者に検証されることとなりました。

　さて、具体的ウィリアムズが行った実験を簡単に紹介したいと思います。彼はまず人工的に限定詞（determiner；英語で言うと the や this といった名詞の前につくものです）を作成し、実験参与者に付随的学習条件でインプットを与え、その習得状況を調査しました。ウィリアムズの半人工言語実験は、以下の点で、前節で紹介したディエネスの人工文法実験とは異なります。ディエネスの人工文法実験は、"XMMTYYZX" などの、文字列の規則を学ぶものです（p. 138）。それに対し、半人工言語実験はほとんど自然言語に近く、たとえば単語は学習者の既習の言語（英語など）を用いて、ほんの一部、語順の規則や、冠詞のみが人工的に作られたものです。そして、そういった規則にもとづく変化は自然言語と同様、世界に存在するなんらかの概念に対応しているので（たとえば名詞が単数か複数か、とか、ついている名詞が主語か目的語かなど）、人工文法のように形式と概念のつながりを習得とみなすことができないという問題点を回避することができました。

　ウィリアムズ実験の具体的な手順は以下の通りです。実験参与者

は，指し示すものの物理的距離（近いか遠いか）と有生性（生き物か物質か）によって変化する四つの限定詞（gi, ro, ul, ne）のインプットを受けました。実験対象者は，これらの限定詞は英語の冠詞のような働きがあると教えられ，gi と ro は物理的に近い距離にあるもの（日本語の「この」のような働き），ul と ne は遠い距離にあるもの（「あの」のような働き）を指すと教えられましたが，有生性，つまり生き物か物質かということでも変化するというもう一つの規則に関しては直接的に説明しませんでした。

(Leung and Williams (2012) より)

実験で参加者は，まず「トレーニング」を行います。この段階では，その半人工言語の限定詞を含む文を聞き，口に出して繰り返し，そしてその文が使用される状況を頭に思い描くという練習を何度も行いました。その後，そこで身につけた知識を図るためのテストを行います。

テストは，練習段階で使用されなかった文章を聞き，次に続く文として適切なものを二択から選ぶというものでした。たとえば，

問題文： The lady spent many hours sewing …
解答： A: gi cushions
B: ro cushions

というものです。

このテストでは、すべての問題文が、教えられた「物理的距離」ではなく、教えられなかったほうの「有生性」のみを問うものでした。テスト後、参加者に有生性の規則を意識したか（規則に気づいたか）を尋ねたところ、80%の参与者はその有生性の規則に「気づかなかった」と答えました。しかし、それら「意識しなかった参加者」のテスト結果を見ると、偶然に正答する確率より統計的に有意に高い正答率を示していました。これにもとづきウィリアムズは、第二言語学習者はアウェアネスを伴う注意がなくても、つまり無意識的にも、形式と意味のつながりを学習することができると結論付けたのです。

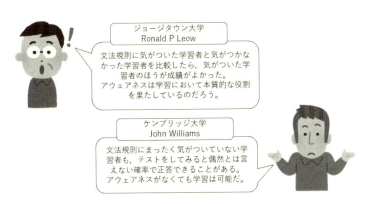

4.2.3. 数々の追行研究と批判

その後、前述のとおりウィリアムズ実験は多くの追行研究を生むことになりました。追行研究の焦点は、実験手法や習得する言語対象など多岐にわたります。まずリャオーの所属するジョージタウン大学の研究者たち（Hama and Leow (2010)）は、アウェアネスが第二言語習得にとって決定的な要因となっていると主張した実験の結

果（Leow（2000））に触れ，ウィリアムズとの結論の違いを「手法の相違」にあると仮定しました。ウィリアムズの実験は，前述の通り事後的に行われた回顧的インタビュー，つまり「ここで使われている文法規則に気が付いたか？」と問うた結果によって学習段階のアウェアネスの有無を測定するものでした。一方で Leow（2000）は，課題遂行中に考えていることを全て口頭で独り言のようにつぶやく思考表出法によってそのアウェアネスの有無を測定していました。ジョージタウン大学の研究者たちの主張は，事後報告インタビューのような，アウェアネスが生じている段階より後になってその測定を行う「オフライン」での測定手法は，思考表出法のような，まさにアウェアネスが起こっているときに測定が行われる「オンライン」での測定手法と比較して，アウェアネスを測定する手法としては不適切であるというものです。そして，ウィリアムズの方法では，学習者がインプットを受けている段階において，心の中で起こっているプロセスを適切に測定できていない可能性が残ると批判しました。

　Hama and Leow（2010）では，上記のような批判をしただけでなく，Williams（2005）の実験に若干改定を加えた手順に従い再度検証実験を行っています。その結果では，トレーニング段階では参与者の対象項目（有生性）に対するアウェアネスを検出することはできなかったのですが，テスト段階では 9 人に有生性に対するアウェアネスを検出しました。結果として，アウェアネスが検出された 9 人には当該文法規則の習得が見られ（つまり，偶然に正解する確率よりも統計的に有意に高い正答率が見られた），一方で，アウェアネスが検出されなかった 34 人に関しては，そのような規則の習得がみられませんでした。この結果から，ウィリアムズ実験の「アウェアネスの伴わない習得」は，アウェアネスの検出法として適切でない手法を用いた結果だとし，ウィリアムズの主張を棄却しています。つまり，学習において，アウェアネスはやはり決定的な

第 4 章　意識・無意識の科学と言語習得　　157

要因となるという主張です。

事後報告はアウェアネスを測定できていない可能性が高い。
思考表出法を使ったら実験が再現できなかった。
やはりアウェアネスは文法学習の決定的な要因だ。

　また，事後インタビューではアウェアネスを適切に測定できないという立場に立脚したその他の実験でも，Hama and Leow (2010) の結果は支持されることになりました。たとえば，理解・気づきといった意識のレベルを分類し，さらに言語的背景が Williams (2005) と異なる学習者に対して追実験を行っても (Faretta-Stutenberg and Morgan-Short (2011))，ウィリアムズの実験結果を再現できなかったと報告し，その結果の一般化可能性について疑問が呈されることとなりました。ウィリアムズ実験の結果が再現されなかった研究の結果に共通する点として，言語に関連する専攻の学生や，第一言語に，実験と同じ規則体系を持つ学習者などが含まれていなかったことが挙げられます。このことから，無意識的学習は先行する言語的知識が結果に影響する可能性も指摘されています。

　これに対し，ウィリアムズの所属するケンブリッジ大学の研究者らは，再度反駁を試みます (Leung and Williams (2011))。まず，Hama and Leow (2010) は問題形式を 2 択から 4 択問題にしたり，テストを音声提示にしたりと手を加えたことで，学習者の回答時に過剰な負担がかかっていたのではないかと指摘します。その結果としてテストの成績が下がり，無意識的に学習された知識がテストに反映されなかったという反論です。事実，トレーニング段階でのパフォーマンスが Williams (2005) と比較して悪かったという結果が提示されており，また学習者の第一言語と半人工言語の限定詞の

規則体系があまりに遠かった原因である可能性もあるとも指摘しています。

そこでケンブリッジの研究者は，文脈から推測されうる意味役割，つまり「だれが・だれに・なにをしたか」という影響関係の概念を限定詞に付与して，無意識的学習を見ることにしました。また，無意識的な反応を見ることができる手法として，学習者の反応を 1/1000 秒（1 ミリ秒）単位でとらえた反応時間データを収集し，分析を行いました。

実験では，学習者は意味役割（動作を行う側，つまり「動作主」と，動作を受ける側，つまり「被動作主」）と，名詞が大人か子どもかで変化する規則を付与された四つの限定詞の習得が調査に使われました。元の実験と同様に，参与者は限定詞が大人か子どもかで変化することが伝えられたましが，意味役割により変化することは伝えられませんでした。トレーニング段階では限定詞を含む英文 (e.g., Kiss ul Mary a boy on the face) が音声によって提示され，同時に，英文の内容を表す人物が 2 名映っている写真が提示されます。その後，参与者は読み上げられた名前の人物 (e.g., Mary) が写真の左側・右側のどちらにいるかを素早く判断するよう求められました。半人工言語文の構造は以下のようになっています。

(1) Kiss ul Mary (NP1: agent) a boy (NP2: patient) on the face.

(2) Kiss ne David (NP1: patient) a girl (NP2: agent) on the face.

なんだか難しい表記になってしまいましたが，簡単に言うとこの半人工言語の基本語順は，最初に動詞が現れ，その後，名詞句が二つ並び，最後に場所を表す前置詞句がくるというものです。その上で，動作主と被動作主は動詞に近いほうの名詞にだけ付与される限

定詞（この場合 ul と ne）によって表されます。たとえば日本語では動作主に「は」，被動作主に「を」を使うので，日本語における格助詞の「は」と「を」の意味に近い規則だと言えます。このような文法規則をもっていると，語順が入れ替わった際に限定詞を適切に処理しなければ，どちらがどちらに影響をあたえているかが解釈できない構造となります。

　一通りこのような手順でトレーニングを行ったあとで，動作主・被動作主の意味役割が聞かされる文と一致する写真がみせられる条件（統制条件）と，文が示す意味役割が写真と逆転している条件（違反条件）で刺激が提示されました。その前段階と同様，参与者はまず絵を見て，その絵を自身の言葉で説明し，その後に音声が提示され，参与者は聞こえた名前の人物（たとえば (1) の刺激文の場合は Mary）が写真の左側・右側のどちらにいるかを，音声の提示が終わる前にできる限り早く判断するよう指示されました。この際に，正しい絵をみて反応する条件と，間違った絵を見て反応する条件の反応時間が記録されます（これらは一応，ターゲットとなっている文法規則を知らなくても答えられるものとなっています）。最後に，トレーニングで提示された英文を数種類見せて，限定詞の使われ方について考えたことに対してインタビューが行われました。

　実験後には，意味役割に関して意識して定冠詞を区別していたと報告した参与者が 5 名特定され，その他の 20 名は限定詞の用法についてのアウェアネスが検出されなかった参与者と分類されました。

　反応時間を分析した結果として，限定詞の使い方を意識しなかった 20 名の反応時間は施行ごとに短くなっていくことが示されました。しかし，違反条件では逆に，反応時間が長くなることが示されました。また，アウェアネスが検出された 5 名に関しては，そのような反応時間の変化がみられないことも示されました。

　この結果はどう解釈できるでしょうか。もし教授されていない規

則に対して実験参与者がなんの知識も学習されていないとしたら，文法的に絵と文が食い違っていようが，文と絵が正しいものが提示されようが，反応時間に違いが現れないはずです。しかし，反応時間に違いが現れたということは，学習者にはその反応時間の違いを生むなんらかの知識を得た，と結論付けることができます。つまりこの実験は，参与者は限定詞の用法にアウェアネスを向けなかったにもかかわらず，その規則の習得は無意識的に行われていたことを再度示すものでした。

この実験は，さらにその後，ケンブリッジ大学のメンバーで追実験が行われます (Leung and Williams (2012))。この研究は手法面だけではなく，学習の対象となる規則によって結果が異なるかということが焦点となりました。ここでは，元となる実験と同様に四つの限定詞に規則が与えられましたが，最初の実験では，Williams (2005) と同様「相対的な距離」と「有生性（対象となる名詞が生き物か，物質か）」，続く実験では「相対的な距離」と「相対的な大きさ（サイズの大小）」がそれぞれ規則として付与されました。両実験ともに相対的な距離に関する意味が教授されたのですが，有生性とサイズの大小はそれぞれ教えられない規則でした。参与者はこれまでと同様に絵と文のインプットが与えられ，相対的な距離をできるだけ早く判断し反応するという課題が用いられました。

　結果として，文法違反の条件のときに反応時間が遅れるという，Leung and Williams (2011) で見られた現象は最初の実験にのみ

第4章 意識・無意識の科学と言語習得　　161

見られ，続く実験のサイズに関してはその反応がみられませんでした。この結果は，語彙の持つ文法規則はどのような意味を持つかによって無意識的学習の効果が異なることを示唆しています。この実験が取り扱った概念的意味である有生性とサイズの場合，ヒトは対象が生き物か物質かには敏感であるけれども，相対的なサイズの大小に対しては敏感ではないのではないかと，この論文では考察されています。この結果はまたさらに掘り下げられ (Leung and Williams (2015))，言語的に不自然な文法規則（たとえば，アルファベットの画数による変化）や，学習者が第一言語に似たような文法規則を持たない場合（たとえば，英語話者が学習者の場合，中国語を元にした人工言語における中国語の画数にもとづく変化）は無意識的学習が起こらないことが示されています。

　反応時間を使った手法は，「意図せずにもそのように行動してしまう」という点で，無意識の反応を測るのに非常に強力な方法です。しかし注意しなければならないのは，後に Leow and Hama (2013) も指摘しているように，テスト段階で誤った文を聞いたときに反応時間が伸びたというのは，学習された知識が無意識的に使われているという証拠にはなるかもしれませんが，その知識が無意識的に習得されたという直接的な証拠にはならないということです。ただウィリアムズらは，事後報告で分けられたアウェアネスあり・なしのグループでパフォーマンスが違ったということは，その事後報告の分類基準が何らかの意味を持っていたということだ，と主張しています。

　その他の半人工言語パラダイムの研究としては，脳波を測定する事象関連電位 (ERP, event-related potential) という脳反応の観察法を用いて，人工言語を処理する際の脳波の変化を比較的長期的に観察しているものもあります (Morgan-Short et al. (2012))。この研究では，実験参与者たちは語順に関する半人工言語の規則を直接的

に教えられるグループ（明示的学習条件）と，教えられずインプットを受けるグループ（暗示的学習条件）にそれぞれ分かれて学び，その学習前後の反応の変化を観察しました。明示的学習条件とは規則の提示や規則を探る指示を受けた状態で学ぶ条件であり，暗示的学習条件はそれがない状態で学ぶものです。結果として，学習者は半人工言語学習後に長期的にその人工言語に触れずとも，時間が経つと第一言語で言語を処理したときと同じような脳反応がみられ，そしてそのような反応は暗示的学習条件の学習者により顕著に見られたと報告しています。

　ここでいう「明示的学習条件」は意図的学習を行わせる条件であり，「暗示的学習条件」は付随的学習の条件なので，学習中に実験参与者が規則を探ったり意識したりしている可能性もあり，アウェアネスの有無が正確に測定されているかは，厳密には保証されません。したがって，無意識的学習の結果を示したとは言い切れないものです。しかし，意識的学習を促された学習者とそうでない学習者に異なる結果が観察され，その結果得られた知識は，時間の経過によって異なる変化を見せるということを明らかにしたという点で興味深い報告です。これは，意識的学習と無意識的学習にどのような利点・欠点があるのかを探るひとつのカギを示しているともいえます。

　少々人工言語習得からは脱線しますが，第二言語習得にかかわらず，学習者に何かを学ばせるとき，直接教えたほうがほとんどどんな場合でも直後にテストを行うと点数が高くなります。しかし，暗示的・付随的に学習したり，直接教えることなく処理を繰り返したりするほうが長期的にみると記憶が保持されるという結果を出す研究がしばしばあります。逆に，意味処理などを伴わない機械的なドリルで身につけた知識は，時間が経つとその保持率が著しく下がることが多いようです。似たような話で，心理学では，機械的な記憶

は適度に復習しなければ時間が経つにつれ大きくテスト結果が悪くなるのに対し,意味を伴う記憶は時間をおいてからテストをすると直後のテストより結果が良くなることがあるという現象が古くから知られてきました(レミニセンス効果)。[2] このことによって文法の明示的指導がただちに悪いという結論を導くことはできませんが,文法規則の明示的な指導は,学習者の注意を形式的操作に強く引き付けてしまい,意味処理を阻害してしまうのではないかということが第二言語習得でも言われており,学習効果を考える際に一考する必要がある知見だと思います。

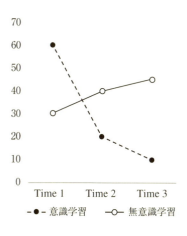

図12. これは仮想データですが,このように意識学習は直後テスト(Time 1)で高い点数を示し,テストを繰り返すごとに点数が下降します(だいたいいつもそうなります)。無意識的学習の場合,直後のテストでは比較的悪い成績を示しても,時間がたつと成績が上昇する現象が見られることがあります(これはいつも必ずそうなるわけではありません)。

さて,アウェアネスのない学習論争の一連の研究に対して,Rebuschat et al. (2013) は,「高階の思考理論」に基づき研究を行っているディエネスらの示す認知心理学の人工文法パラダイムを全面的に導入しました。そして,暗示的学習が明示的知識へ変容する可

---

[2] レミニセンス効果は,どういう状況でどのようなテストを行うかによって出たり出なかったりします。同様に第二言語習得においても,暗示的・付随的学習や,文法教授のない言語処理にいつでも遅延効果が表れるわけではないようです。

能性や，事後的な言語報告によってアウェアネスを測定する限界を指摘し，文法性判断課題の主観的評価を用いた追実験を行っています。Rebuschat らはウィリアムズ実験をそのまま追行し，事後テストで文法性判断課題を行い，さらに前述の判断に関する主観的な評定を用いて結果を分析しました。結果として，構造的知識が無意識的であった場合の判断も，偶然で正解する確率を有意に上回る結果を示しました。Rebuschat et al. は，この結果を認知心理学の人工文法パラダイムの知見にもとづき解釈し，学習者が無意識的知識表象を獲得したということは，第二言語で知識を学習する際にも無意識的学習が働くということをこの結果は示している，と述べています。

　ただし，人工文法パラダイムは，前章で指摘したように無意識的知識は無意識的に学習された結果であるという前提に基づいているものです。確かに短期的に文字の配列を学ぶような人工文法パラダイムではこのロジックはある程度説得力があるのですが，第二言語習得にその前提がどれだけ説得力を持つかは，すでに記した通り議論が必要な点だと思います。

4.3.　論争における争点と問題点

　上でみてきた先行研究の一連の論争では，特に研究の手法的側面に対して焦点が向けられてきました。つまり，無意識的学習を検証するために，アウェアネスを測定する手法が，アウェアネスの生起に対して十分に敏感（sensitive）に反応するものであるか否かということが，この論争では中心的に議論されてきたといえます。しかし，これらの先行研究では，研究者の派閥によって用いられている手法がかなり偏っています。また用いられる手法によって研究結果がほとんど予測できるという手法上の潜在的バイアスが指摘されています（Fukuta（2016））。たとえば上記の研究では，まさに学習が

起こっているときにオンラインで意識を測定することができる思考表出法を用いた研究は「アウェアネスを伴う学習」に対して否定的な立場を取る研究ばかりであり，逆にアウェアネスなしで習得が可能だと主張するすべての研究は，その実験において回顧的インタビューなどオフラインの手法によりアウェアネスを測定しているのです。

　ただ，思考表出法が事後インタビューよりもアウェアネスに敏感であるという理由で思考表出法がアウェアネスを測定するのによりよい手法だとする意見にも近年では疑問が呈されています。思考表出法と事後インタビューを同時に行った実験結果（Rebuschat et al. (2015)）では，思考表出法で「アウェアネスなし」に分類された学習者が，事後インタビューの結果から「アウェアネスあり」に分類されるケースが多くあったことが報告されています。これは，アウェアネスを伴う思考があったとしても，自信がないなど何らかの理由で必ずしも思考表出データに現れない可能性（Jourdenais (2001), Ziori and Dienes (2006)）を示しているといわれています。[3] またこの研究では，思考表出法でアウェアネスの伴わない学習がみられないのは，思考表出とメインとなるタスクを同時に行うことで，タスクのパフォーマンスが変容してしまうという現象によるものだと説明しています。すなわち，本来起こりうるアウェアネスの伴わない学習が，思考を口頭で表出しなければいけないという負荷によって起こらなくなってしまうということです。事後インタビューと思考表出法のどちらがアウェアネスの特定に優れているかについては，熾烈な論争が続いており，まだ確定的なことがいえないのが現状といえます。

---

　[3] ただし前述の通り，事後インタビューの際に，課題従事中に意識していなかったことを報告している可能性もあります。

こういってしまっては身も蓋もないのですが，そもそも厳密に「アウェアネスのない学習」を示すのは原理的には不可能です。どのような手法を使って「アウェアネスが生じなかった」ことを示したとしても，その方法で捉えることのできなった，非常に低いレベルのアウェアネスが生じていたと言えてしまうからです。科学の世界の常ですが，ないものを証明するのは極めて難しいことです。

ただし，現状考えうるような方法では検出できないレベルのアウェアネスで，さまざまな学習が起こるという研究結果自体は興味深いものです。したがって，一方でアウェアネスを検出する精度の高い手法を考案するという研究が続けられてもいいかもしれませんが，他方では相対的に強いアウェアネスが生じたときの習得と，弱いレベルのアウェアネスしかないときの習得とを比較し，相対的にどう異なるかを見ることで，「この手法で測定される極めて低いレベルのアウェアネスでもこのようなことができるようになる」という相対的な見方も必要になってくるのではないかと思います。

また，人工言語学習のパラダイムでは時間経過とともに知識がどう変容するかといった観点から行われた研究は，あるにはあるにせよ非常に少ないといった現状です。さきほど紹介した Morgan-Short, Gray and Ullman (2012) による脳波を対象とした研究はその観点から行われた研究でありますが，これらの研究は，時間経過によって意識的知識と無意識的知識が異なった経路で変容することを考慮に入れてはいません。つまり両研究は，意識的・無意識的「学習」のみに焦点を当てており，その結果得られた意識的・無意識的「知識」に関しては明らかになっているとは言えません。つまり，意識的に学習された知識は，意識的知識として学習されるが，その後無意識的知識に変容するだとか，無意識的に学ばれた知識は直後に測定されたときに何も学ばれていないと思われても，時間が経ってから無意識的知識として出現しはじめるだとか，そういった

第4章　意識・無意識の科学と言語習得　　167

複雑な変容を遂げる可能性はいまだ明らかにできていないのです。

　自然言語を対象とした第二言語習得では，直後テストだけでなく，1・2週間，もしくは1か月ほど経って再度テストを行うという「遅延テスト」の実施が一般的になっていますが，人工言語研究ではそのようなことはあまり頻繁に行われていないようです。これも恐らく，意識的・無意識的「学習」と「知識」の対応関係が暗に仮定されていたことが，そういった観点にもとづく研究の進展を妨げたのかもしれません。これら意識的・無意識的「学習」と「知識」の区別を仮定するなら，学習時と言語使用時に生じた意識を別に測定し，その関連を長期的にみる必要があるといえます。

　最後に，Leung and Williams（2012）が注意の向きやすさや習得のされやすさが対象となる言語項目によって異なることを示しているのですが，そのような差がなぜ生じるか，さらに詳細かつ体系的に議論する必要があるでしょう。現状は，たとえば「前提知識の影響」と「自然言語としての不自然さ」の影響があることを指摘しているのみにとどまり，それ以外の影響がどのようになっているか，なぜそのようなことが起こるかがわかっていないのです。この点が不明である限り，第二言語習得において，いかんともしがたい「習得が容易な項目とそうでない項目」があるという問題が生じているかについては，解決の糸口を得ることすらできません。

　次章はここに挙げたいくつかの問題点をさらに探究するために，ふたたび(第二)言語に関わる理論を参照していきます。第二言語習得研究や第二言語の文処理研究で現在行われてきている研究を概観し，意識と第二言語研究の接点を求め，意識と外国語学習はどのように関わるかという点について，より深く探っていきたいと思います。

第 5 章

意識研究と第二言語研究をつなぐ

前章で意識に関わる研究の考察を受けて，本章では「結局，外国語の習得には意識というのはどの程度かかわっているのか」という大きな謎に立ち戻ってみたいと思います。ここで検討を試みたい問いは，意識した／しないということが外国語の習得のしやすさにどの程度かかわっているのか。かかわっているとしたら，それは学習対象とどのように相互作用するのか。そして，意識して習得した知識と，意識せずに習得した知識には違いがあるのか，という点です。

　これらを明らかにするために，意識の機能を焦点として探求してきた研究（人工文法研究，半人工言語研究を含む）と，習得のメカニズムを焦点に探求してきた第二言語習得研究の知見をリンクさせることを目指します。

5.1.　目立つものは習得されやすい？

　意識／注意したら習得しやすい，というのは学習者目線での表現ですが，対象が意識／注意されやすいか，という点は，言い換えれば対象が「目立ちやすいか」に関わります。ある言語的特徴が他より「目立ちやすいか否か」は，**卓立性**として概念化され，研究が行われてきました。卓立性は大きく分けて三つの側面があるといわれています (N. Ellis (2016))。

　卓立性の一つ目の側面は，**精神物理的卓立性** (psychophysical salience) とよばれるものです。これは，意識と注意の関連性で扱ったように，受動的注意と関わるものです。あるものがその周辺より際立っていれば，そこには勝手に注意が向きやすくなります。音声面で言えば他より大きな音，文字で言えば太字になっていたり

鮮明な色がついていたりすると，この側面で言って卓立性が高いといえます。

二つ目は，**卓立した連想関係**（salient associations）です。これは，精神物理的卓立性とは反対に，能動的な注意とかかわるものです。たとえば本屋で，大量の本の背表紙に目を通しているとき，ほとんど背表紙に書いてあるタイトルを読んでいなくても，興味のあるタイトルの本が目に飛び込んでくることがあります。このように，自分の関心と相関したものや好きなものは他より際立っていて注意が向きやすいのです。

卓立性の三つ目の側面は，**文脈と意外性**（context and surprisal）にかかわるものです。たとえば，本で物語を読む際に，私たちは自然と先を推測しながら読んでいます。そのとき，予測と全く異なるものが出てきた場合，わたしたちはそこに強く注意を向けることになります。これは「出来事」が意外であるだけでなく，出てくる単語の確率的な意外性なども含まれます。私たちは言語を処理する経験をとおして，この単語の次にはこの単語がくるという確率を無意識に学習しています。なので，それの確率的な予測を裏切るような単語が出てくると，そこに注視するということが起こります。このようなことから，他より際立つ，つまり卓立性の高くなる部分が生じるのです。

これらは，こういった側面があると考えると卓立性が理解しやすくなるというものであって，それぞれが完全に独立したものというわけではありません。このような要因の複雑な影響を受けて，対象の「目立ちやすさ」が決まるのではないかと言われています。

言語習得研究においては，創発主義（emergentism）という立場の研究者が，卓立性を言語習得困難性の一要因として取り上げ，言及をしています。創発主義はその他の言語理論と同様，第一言語の習得はほとんどの場合において「成功」するのに対し，第二言語習

得はほとんどの場合「失敗」し，[1] 大きく個人差があることや，および それにまつわる基礎的な問題について，包括的な説明を試みるものです。この理論において第一言語と第二言語に生じる習得の難しさの違いを生む要因は，「頻度」と「構造の(不)明瞭性」，そして「音韻的卓立性」です（O'Grady et al. (2010)）。頻度は前述の通り，言語経験として触れる数の多さを指します。構造の明瞭性は，ある規則が理解しやすい構造をしていたら高くなります。そして卓立性は，その特定の対象への注意の向きやすさを指します。

　まず言語習得は，そのための「資料」となる大量の言語経験の取り入れ，つまり聞いたり読んだりすることが必要になります。そしてすでに述べたように，出会う頻度が高いものは，低いものよりも早期に習得されることがわかっています（頻度効果）。子どもの言語習得において，"automobile（日本語だと「自動車」）"よりも"car（前者と区別してあえて訳すなら「くるま」でしょうか）"のほうが先に習得されるのはそのためです。この頻度効果は習得のどの側面にも見られるので，このように単語レベルだけでなく，文法や音韻の習得も同様にして起こると考えます。何度も挙げているように，「複数」という概念と"-s"のつながりや，日本語で「が」が動作の主体を表す，といったものです。

　ところで，英語でもっとも出現頻度が高い単語ってなんでしょうか。だいたいどのような資料を分析しても同じ結果になります。序章でも少し触れましたが，それは冠詞の"the"です。名詞があれば結構な確率で"a"とか"the"がつくので，この結果は直観に合う

---

[1] 第1章で少し述べたことの繰り返しになりますが，このような言語学的なアプローチをとる第二言語習得研究では，第一言語話者のような言語使用に至ることを言語習得の「成功」とみなし，第一言語習得では健常な話者であればほとんど均質に高い言語運用を行えるようになることを強調します。もちろん，そのような「成功」「失敗」観には多くの議論があります。

第5章　意識研究と第二言語研究をつなぐ　　173

ものだと思います。このことから、「冠詞」は非常に高頻度で出会うはずなのですが、第一言語、第二言語にかかわらず、英語の冠詞は習得が非常に遅いといわれています。

　なぜこんなことが起こるのでしょうか。この説明に創発主義が使うのが、「構造の不明瞭性」と「卓立性」です。つまり、冠詞は、"a" と "the" のどちらを使うか、もしくは冠詞ナシで使うべきかなど、その使い分けの規則が非常に複雑なので、与えられた「資料」、つまり触れる言語的な資料の中から規則を吸い上げるのが非常に難しいのです。なので、the という形式と、意味概念の繋がりは複雑で、「構造が不明瞭」であるといえます。また、多くの場合、英語の発話において冠詞にストレスが置かれる（強調される）ことはほとんどなく、故に "a" と "the" がほとんど同じような音として処理されることが知られています。すなわち、冠詞は音的に目立たない、「卓立性が低い」項目であるため、習得が遅いと説明されています (O'Grady et al. (2010))。

　卓立性と言語の習得困難性の関係を実証した研究としてよく引用されるのが、ゴールドシュナイダーとディカイザーの論文 (Gold-shneider and DeKeyser (2001)) です。彼女らは、形態素習得を扱った過去の研究を集め、それらの結果を統計的に統合するという「メタ分析」の手法を使い、「自然な習得順序」が、以下の要因から説明できることを示しました。

a. 知覚上の目立ちやすさ
b. 意味の複雑さ
c. 形態音韻上の規則性
d. 統語範疇
e. インプットにおける頻度

彼女らは、この五つの要因はどれも卓立性に関わる要因であると

して，卓立性という概念のみで言語の自然な習得順序の大部分は説明できると示唆しています。DeKeyser et al. (2017) にある報告では，この五つの要因から構成される卓立性は，第二言語習得の最終到達度にも影響しているとされています。

　ただ，卓立性がこの五つの要因から構成され，それが習得に影響を与えていると結論するには，その前の論立てに少し問題があります。Goldschneider and DeKeyser (2001) は，もともと理論的に考えうる「言語習得順序に大きく影響する要因」ということでこれら五つを挙げて，それが実際に統計的に示されるかを検討した論文でした。つまり，もともと卓立性としてこれらの要因を取り出してきたわけではなく，最初はこれらは習得を予測する主要因として提案されたものだったわけです。確かに，後から見てみればこれらは卓立性を構成しそうな要因ではあったわけですが，本当にこれら五つが卓立性という概念を反映しているかどうかはわかりません（卓立性は本来「目立ちやすさ」であって，関連するにしても「習得されやすさ」そのものではないのですから）。この論立てだと，論が循環してしまって，何が何を予測しているかわからなくなります。それを避けるためには，習得困難性そのものを含まずに卓立性を定義し，その卓立性が習得困難性を説明できるかを見なければなりません。

　しかし，言語項目の卓立性が習得に与える影響に関してはさまざまな研究があるのですが，またここでも「意識」と同じように，多くの研究者が独自に「卓立性」を好き勝手に定義してしまっているという問題にぶつかります。多くの場合，習得困難性の違いがみられた場合（つまりこういった文法項目は習得されやすく，こちらは習得されにくいという結果がでた場合）に，より習得されていた項目は卓立性の高い項目，そして習得されていなかった項目は卓立性の低い項目だったのだ，と説明されるのに都合よく使われていると

いうのが実際のところです。でもそれは単に，習得された（されなかった）理由が卓立性にある，と事後的に推測しているということに他なりません。これでは先ほど述べたように，「習得困難性そのものを含まずに卓立性を定義し，その卓立性が習得困難性を説明できるかを見る」という条件がクリアできず，卓立性が言語習得に与える影響を論理的には特定したことになりません。

5.2. インプット処理理論に基づく卓立性の理論化

そこで注目したいのが，ビル・ヴァンパタン（Bill VanPatten）という研究者の**インプット処理理論**（たとえば VanPatten（2007））です。

インプット処理理論は，上述したクラッシェンのインプット仮説に基づきつつ，学習者がどのような点に習得困難性を覚え，どうすれば解決できるのかを示そうとしたものです。VanPatten（2004, 2007）では，学習者は以下に示すような原則に従ってインプットを処理し，形式と意味のつながりを学習・強化していくとしています。

a. 内容重視原則（The Primacy of Content Words Principle）：学習者は何より先にインプット中の内容語を処理しようとする。

b. 語彙優先原則（The Lexical Preference Principle）：文法形式と語彙項目が同じ情報を表す場合，つまり，その文法形式が余剰である場合，学習者は文法形式より先に語彙項目を処理する。

c. 非余剰項目優先原則（The Preference for Nonredundancy Principle）：学習者は非余剰的で有意味な文法項目を，余剰的で有意味な文法項目より先に処理する可能性が高い。

d. 有意味優先原則（The Meaning before Nonmeaning Principle）：学習者は無意味である文法標識よりも先に，有意味な文法標識を処理する可能性が高い。

(訳は白畑・若林・村野井 (2010: 137-138) による)

b. の「文法形式より先に語彙項目を処理する」というのは，たとえば過去を表す際に yesterday, last night など，文が表す時間が語彙で表されている場合，文法的に時間を表す "-ed" などは無視されることを示しています。また，c. において言及されている「余剰的」というのはつまり「余分である」という意味ですが，たとえば，The cat is sleeping. という文においては，進行の意味を示すのは -ing だけであり，ほかに進行の意味を示すものがないので，-ing は余剰的でないと判断できます。一方，The cat sleeps ten hours every day. という文においては，the cat が三人称・単数を示しており，every day が習慣を表しているため，三人称単数現在の -s は処理されなくても意味理解が成立してしまい処理されにくい，と考えることができます。つまり，インプット処理理論においては，卓立性は冗長性の結果生じるものとされます。

　また単に特定の文法項目が即，卓立性が低いとされるわけではなく，その言語項目が表れる環境によって卓立性が低くなる形態素もあれば高くなる形態素もあるということを示しています。ヴァンパタンは，この理論に基づいて，無視されやすい部分をどのように教授すればいいかという観点から教授法を提案・開発しています。[2]

---

[2] ほかの研究者たち（N. Ellis (2007), Ellis and Sagarra (2010, 2011)）も，類似の方法で定義された「冗長性」を元に言語項目の卓立性と習得困難性を論じています。さらに彼らは，学習者が第一言語に持つ言語の構造の影響が，第二言語における注意に影響するとしており，これは注意という観点から母語の影響による習得困難性を探る野心的な試みと言えます。

第5章　意識研究と第二言語研究をつなぐ　　177

　この理論は，言語習得の困難性に問題意識を持ち提案されたものではありますが，習得困難性そのものとは独立して，言語対象の有意味性と冗長性の関連の中で卓立性を定義できています。

　この理論にもとづいて定義された「卓立性」は，その実在性が実証的に示されてきたわけではなく，その理論的記述にも未だ曖昧な点を残してはいます。しかしそれでもこの理論は洗練させれば，卓立性を理論的に定義し，個別言語（つまり，日本語だとか英語だとかフランス語だとか）に依存せず，卓立性の予測を行える（つまり，どういう文法項目は目立ち，どういうものは目立たないかということが理論的に導き出せる）可能性のある枠組みとなると私は考えています。

　さて，ではどのような点を洗練させればよいのでしょうか。まず，「無視される」や「優先的に処理される」といった言及がこの理論にはあるのに，この枠組みによって予測された卓立性の違いが実際に注意や，さらには意識（アウェアネス）にどのような影響を及ぼすのかは，実証的なデータによってはあまり示されてはいません。[3] そして，この枠組みに沿ってヴァンパタンが示した例以外の項目を予測するには，いくつか明確にしておかなければならない点があります。それは，「余剰的・非余剰的」項目を特定するために，さらにそれを定義している「有意味」ということばの意味を明確にしなければならないということです。そのためには，「意味を理解する」というのはどのようなことなのかをはっきりさせる必要があります。

　また，「内容」や「語彙」が無意味な文法標識より先に処理される

---

　[3] 習得に及ぼす影響を示したような研究はいくつかありますが，前述のように多くの研究は「よく習得された」のは「注意が向いていたからだ」という循環論法を採用していて，注意→習得の因果関係を示せていないものが多いです。

という主張も，直観的にはそうだろう感じますが，やや根拠に乏しいものです。本当にそのようなことが起こりうるのか，また起こるとすればなぜそのようなことが起こるのかという点についても，先行研究の知見を使って慎重に詰めていく必要があるでしょう。

　そこで本書では，「意味を理解する」というのはどのようなことなのかを理論的に定義するために，人間の文章理解のプロセスを示すモデルを説明します。そして，どのような言語要素がどのようなものよりも優先して処理されるのか，無視されるのかなどの理論的根拠として，読解処理・文処理研究を参照することで，その根拠を探っていくこととします。

5.3. 言語を理解するということ

　人が言語を受容し，理解する際には，私たちの頭の中でどのようなことがおこっているのでしょうか。これらの研究は，認知心理学の中でも読解処理研究の分野で行われてきました。記号として入力された言語の理解には，そのインプットに含まれている情報から意味をくみ上げるという**ボトムアップ処理**，そして逆に読み手の頭の中にある世界に関する知識の中から意味を推測しながら読んでいくという**トップダウン処理**が双方に行われています。今回は語彙や文法の処理に直接関係するボトムアップの処理に焦点を当てて説明をします。つまり，読み手が入力された言語情報を記号として認識し，語や文法を処理し，文章全体の意味表象を構築していくという心の中のプロセスに着目します。

　読解処理のプロセスを説明するモデルとして，「統合‐構築モデル（Construction-Integration model，以下 CI モデル）」（Kintsch (1998)）という読解モデルが提案されています。この CI モデルは，読解プロセスを，逐語的・文法的表層形式の理解と，命題（proposition) ネットワーク形式の意味理解，「状況モデル（読み手が構築した心的表象）」の構築という三段階に区別します。難しい言葉が多くなってきたので，順次詳しく説明していきましょう。逐語的情報とは，簡単にいうと，「文を見たそのまんまの情報」です。このような逐語的記憶は，短期間のうちに消失してしまいます。そのような情報が入力されると，数学の論理式で書かれるような，「命題」としての抽象的かつ形式的な「意味」をそこから抽出します。そして，頭の中で命題のネットワークを形成していきます，これに情報の受け取り手が，自分が初めから持っている知識や，テクストには書かれていないが独自に推論したような情報が統合されます。そして最終的に，文章全体が示す状況に関する心的表象，「状況モデル」が構築されます。状況モデルは，文章を読んだ際に頭の中でイメージとして湧き上がる映像のようなものと考えてください。

　先ほど述べたように，見たままの情報は，頭の中で保持できる時間がきわめて短いですが，命題レベル以上の情報として記憶された情報は，頭の中で比較的長時間記憶保持されるといわれています。The cats slept yesterday. という文を読んで，あとで「cat には -s がついていましたか？」と言われても，みたままの情報で -s がついていたかどうかを正確に思い出すのは非常に難しいですが，頭の中で適切に -s の意味処理が一度されていたら，猫を複数頭の中に浮かべることができるので，「（複数だから）-s はついていた」と答えることができるといったことが起こります。

逐語的・文法的表層形式の処理
・文字通りの情報を受容し，そこから表層的な文法形式を処理する

命題レベルの理解
・命題形式で表されるような，形式的な意味の理解

状況モデルの構築
・理解者自らのスキーマや読解時の推論を統合し
・文章全体が示す状況に関する心的表象の構築

　このモデルを仮定することによって，「意味理解」というのは，入力された情報に即して命題ネットワークを作り状況モデルを構築することである，と定義することが可能となります。つまり，頭の中に処理した情報を投影する映像を作り上げることが，文を理解することであると言えます。とはいえ「映像」とは非常に単純化しすぎる比喩で，実際はたとえば「愛」のような抽象的な語を聞いたときに絵として表すことは難しいですし，英語でいう助動詞（will や can）などの表す意味を絵や写真として描写することはできないので，正確を期して学術的に言えば，そういった情報も含んだ「心的表象を形成すること」，というやや難しい表現にならざるを得なくなります。

　さて，以上の視点に立つと，VanPatten の示すところの「同じ情報を表す」というのを言語の意味理解という観点から定義すると，命題レベルにおける理解の際に指し示す情報が重複していて，片方の情報が状況モデル構築に使用されないということを意味し，冗長な言語項目は，そういった心的表象を構築する際に必要とされないほうの情報であるということができます。

5.4. 無視されてしまう言語情報

　さて，先のような条件を満たすと，ある言語情報は意味理解に使用され，ある情報は無視されてしまう（処理されない），という可能性が示唆されました。それでは次に，どのような情報が処理されやすく，どのようなものが無視されてしまうのでしょうか。それを明らかにするために，さらに文処理研究の知見を借りたいと思います。

　文処理研究は，読んで字のごとく人が文を処理する際に具体的に心の中でどのような活動が行われているかを，語や文法に焦点化してみていく研究です。前述の読解処理研究は，「心的表象」を構築する際に読み手の前提知識や推論，読解のために使用している方略などに焦点を当て，どのような要因が影響しているか探る研究が多いです。この点，文処理研究は読解処理の研究より低次のレベルのプロセスにおいて，読み手の表象がどのように使用されているかを実験によって明らかにしようとすることが多いです（とはいえ，これらの研究分野に明確な線引きが示されているわけではありません）。

　第二言語に特化した言語処理の理論として，クラーセンとフェルサーの提唱する，浅薄構造仮説（shallow-structure hypothesis，以下 SSH）というものがあります（Clahsen and Felser (2006)）。この仮説は，学習者が第一言語話者と比較して，文法処理が効率的でないという多くの先行研究の結果に着目しています。そして，さまざまな隣接分野の研究成果を取り入れ，クラーセンとフェルサーらはとても大胆な提言を行いました。それは，第二言語学習者は形態・統語的規則に関する知識が欠陥しているため，言語使用時には用いられず，結果として学習者は語彙・意味的な情報のみに大きく依存した処理を行う，というものです。ここでいう形態的規則というの

は，とりあえずは名詞や動詞につく -s や -ed などのようなものだと思ってください。一方，統語的規則というのは，文の語順や構造に関わる規則です。複数形の -s をはじめとした形態的要因に関しては，多くの場合，学習者は即時的な処理が行えないことが実証的な実験にもとづいて主張されています。

　しかし，「学習者は形態・統語処理が全然行えないよ」「語彙だけ拾って理解しているだけだよ」と言われても，ちょっと納得できないと思う人も多いかもしれません。特に外国語がある程度得意な人は，ちゃんと形態・統語処理をやっていると考えるでしょうし，ここまで示してきた例の中でも，形態・統語処理を即時的に行っていると仮定しなければ解釈できない現象がたくさんあったはずです。実際，研究者たちもこの言明には不満が多くあったようで，その後，SSH に合致しないデータを報告する研究が多く発表されることとなりました。まず，少なくとも統語的文法規則に関しては，第二言語学習者であっても即時的な処理は可能であり，実際にその規則を使用した言語運用がみられるという研究結果が提示されます。たとえば，副詞句の付加的曖昧性や名詞句と従属節の処理において（文法名についてあんまり詳しく説明しはじめると英文法の講義のようになってしまうので，そういう名前の付けられている文法事項があるのだとだけ思っていただければその後の理解には差し支えありません），学習者は第一言語話者以上に統語的解析に頼った処理を行っていること（Witzel, Witzel and Nicol（2010））が主張されました。日本語話者を対象とした研究としても，須田（2011）が，能動態・受動態・分裂文の処理に関して（文法名についてあんまり詳しく説明し始めると … 以下略），初級者に関しては確かに語彙情報に依存した処理を行うけれど，日本語を第一言語とする英語習熟度の高くない学習者であっても文構造を解析する処理を行っている可能性を示唆しました。

第5章　意識研究と第二言語研究をつなぐ　　183

これはほんの一例で，そのような SSH に対する批判は数多く提起されたのですが，一方で，SSH が主張しているように学習者がかなり文法に頼らず語の理解に頼った処理をするのもまた事実です。これらを余すところなく説明するには，そういった現象も取り込んだ説明をする理論が必要となります。そんな中，SSH の代替案となる言語処理理論の一つとして，第一言語の心理言語学的アプローチである Good-enough approach[4]（以下，GE と呼びます）のモデルが第二言語処理研究に導入されることになります（Lim and Christianson (2013)）。GE では，人が言語を処理する際の二種類の処理ルートを仮定します。それらは，意味によって駆動される「ヒューリスティック処理」と，統語などの文法規則によって動型される「アルゴリズム処理」と呼ばれます。

ヒューリスティックスとは，計算機科学や心理学で使われる言葉ですが，必ずしも正しいとは限らないにせよある程度正解に近いレベルで素早く解答を得ることができるような処理のことを指します。ヒューリスティックスの説明でよく持ち出されるのが将棋の例です。プロ棋士は打てる手をすべて計算するわけではなく，戦局をみてある程度手を絞り，その中から最適な手を考えます。この場合のヒューリスティック処理は，文を理解する際に文法処理をすべて行うのではなく，語彙や意味，世界知識（つまりその人が「常識」として持っているような知識）を用いて意味を理解するような処理

---

[4] Good-enough approach って訳すのが難しいです。Good enough で検索すると，「十分に良い，結構間に合う」とか，「まあまあの」と出てきます。確かに，「結構間に合う」というレベルで処理を止めてしまう，というところから命名されたものなのでしょうが，かといって「結構間に合うアプローチ」とか「まあまあのアプローチ」なんていうとかなりバカにしている感じになってしまいます。悩んだ結果そのまま英語で表記し，その後 "GE" と表記することにしました。いい訳があれば教えてください。

方略のことです。

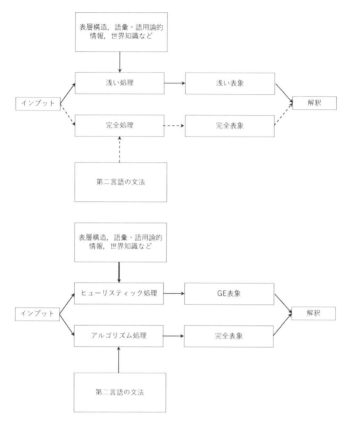

図 13. 上が SSH, 下が GE を表した図 (Lim and Christianson (2013) から翻訳して抜粋)。SSH では，学習者は完全な分析処理 (full parsing) にアクセスすることができないのに対し，GE は第一言語と第二言語使用者は同様の処理にアクセスできるが，二種類の異なる処理の依存具合に差異があると説明します。

　一方，アルゴリズム処理は，統語構造を解析し，ボトムアップ的

に意味を理解する処理方略を指します。たとえば，The cat was chased by the mouse. という文を見たとき，文構造を適切に分析すれば文が示す正しい意味である「猫がねずみに追いかけられた」という心像モデルを構築するわけですが，猫がねずみに追いかけられるという状況は現実世界で一般的ではないのでヒューリスティック処理を実行してしまうことで，「ねずみが猫に追いかけられた」という世界知識に沿った誤った心像モデルを構築してしまうのです（ここまで読んで，自分が間違えていて「あっ」と思った人もいたかと思います）。このような誤読は第一言語話者にも第二言語学習者にもみられます。これは，意味駆動型のヒューリスティック処理が，統語駆動型のアルゴリズム処理を圧倒してしまう現象です。

　第二言語にこの理論を持ち込んだ研究 (Lim and Christianson (2013)) は，韓国語を第一言語とする英語学習者に対して，能動態と受動態を対象に，第一言語から第二言語に翻訳する課題と，第二言語から第一言語に翻訳する課題を行い，その結果を比較しました。これで何がわかるかというと，第一言語から第二言語に翻訳する際には，意味理解には問題をきたさない一方で，産出処理に困難がある状態といえ，そこで出てくる誤りは産出時の処理に起因するものだと考えられます。逆に，第二言語から第一言語に訳す場合の誤りは，第一言語を使う産出プロセスには問題をきたさないので，理解時の処理に関するものだと考えられるのです。その結果として，実験参加者である学習者の誤りは，第二言語から第一言語に翻訳する際に偏っていることを明らかにしました。このことは，学習者は第一言語話者以上に，語彙や意味，世界知識に頼った理解処理を行う傾向があることを示します。また同時に，産出時には統語処理を行えていることから，学習者には統語的表象がないというわけではないことを示しています。この結果は，浅薄構造仮説よりも，GE でより良く説明されます。

さて，GE に立脚した研究は，学習者は特定の統語規則に対する知識表象が欠損しているが故に第二言語に関しては言語使用上に誤りが見られるというわけではなく，文処理に用いるルート（方略）の違いによって特定の規則が適切に使えたり，使えなかったりすることに起因する，という立場に立ちます。そして，第一言語と第二言語の言語使用の異なりは，どちらの処理ルートに依存するかに起因して起こると考えるため，GE に立脚した研究は，語順や構造に関する規則については，条件が整えばある程度即時的に処理が行える可能性を示しているのです。

以上のように，GE の理論は，インプット処理理論で言われる，冗長性に起因する卓立性の低さという点に理論的裏付けを与えてくれます。つまり，意味に焦点を当てた言語処理は往々にして統語に焦点を当てた処理よりも「強い」ので，より意味的な特徴が強いものより，文法的特徴の強いもののほうが，無視されやすい傾向にあるということです。

5.5. 意識と，文法の習得困難度をめぐって

さて，本章の目的をもう一度振り返ってみましょう。まず，意識した／しないということが外国語の習得のしやすさにどの程度かかわっているのかという点，そしてそれは学習対象とどのように相互作用するのかという点を考察するために，学習対象の「気付かれやすさ（＝卓立性）」に注目しました。その際に，先行研究に欠けていて，「卓立性が習得困難性を予測するか」という問いを検証する際に必要となる，「習得困難性そのものを含まない」卓立性の定義を得ることを目的に，ここまで第二言語の読解処理研究や文処理研究を見てきました。その結果，ひとまずはそのような目的に足る定義を手に入れることができたと思います。

それでは，この道具立てを用いて，本章で取り上げたいと述べた「結局，外国語の習得には意識というのはどの程度影響を与えているのか」という大きな謎は明らかになるでしょうか。そのために検討を試みるより詳細な問いは，意識した／しないということが外国語の習得のしやすさにどの程度かかわっているのか，かかわっているとしたら，それは学習対象（言語項目の特性など）とどのように相互作用するのか，そして意識して習得した知識と，意識せずに習得した知識には違いがあるのか，という点でした。これらに，前章で明らかになっていないと指摘した「知識がどのように変化するか」という問いを加えた検証実験を見ていこうと思います。

以前私は，ここまでに示したような意味で「卓立性の高い」言語規則はより意識されやすいのか，意識されやすさ・されにくさと，学習のされやすさ・されにくさには一致が見られるのか，また意識的・無意識的学習と意識的・無意識的知識は，卓立性に媒介されながらどのように関連するかという点に関する調査を，半人工言語パラダイムを用いて試みました。[5]

検証実験

実験では，Williams（2005）にならい，半人工言語実験を行いました。上述の卓立性の枠組みに従って，卓立性の高い形式-意味のつながりと，卓立性の低いつながりを持つ二つの規則を半人工言語で作成し，明示的に教えない規則としました。そして，その二つとは関係のない規則を教えて，コンピュータのディスプレイを見ながら半人工言語の文を読んでいき，その後，教わっていない規則をテストするという流れです。

---

[5] これは私の博士論文（福田（2016））に収録されている実験ですが，詳細に興味がある方は元の論文を読んでみてください。

これまでみてきたような議論を踏まえて、この実験では学習時のアウェアネスの有無と知識を用いる際に必要とされるアウェアネスの有無（すなわち意識的・無意識的知識の区分）を区別して測定することにしました。アウェアネスの測定に関しては、トレーニング段階で思考表出法をやってもらうことにして、知識測定のためのテストに関しては、ディエネスらが使っている文法性判断課題を使用しました。意識的・無意識的知識を測定し分けるため、二つの文を比較して、規則に沿った正しい文を選択してもらうテスト（次の図のようなものがコンピュータディスプレイに表示される）と、テスト項目ごとに、どのような判断源に立脚して回答を行ったのかを特定してもらい、ディエネスらの知識測定法にならって四つの判断（推測・直感・規則・記憶）を特定しました。テストは、直後テストだけでなく、一週間たってから再度、遅延テストも行いました。

Watch roga picture bear on the wall.
Watch joga picture bear on the wall.

この手の実験は、終わった後に非常に興味深い反応がみられるものです。今回も、すべての実験が終わったあとに参加者に「教えていなかった規則」について解説するのですが、多くの人が「全くそんな規則気づいてなかった！」と驚きます。にもかかわらず結果を見てみると、先行研究のようにやはり偶然よりも高い正答率がみられることが多くあります。今回もこのように偶然とはいえないほど

第 5 章　意識研究と第二言語研究をつなぐ　　189

高い正答率を示した場合[6]に，「知識が身に付いた」とみなします。

　結果の具体的な分析法や結果は統計の解釈などが加わるのでここ
では省きますが，その結果は概略以下のようにまとめられます。

　まず，全体的に，卓立性の低い規則より，卓立性の高い規則のほ
うが明らかに意識されやすいという結果がでました。やはり今回定
義した卓立性は高ければ高いほど，意識されやすいといえます。

　次にテストの結果をみると，文法規則を意識したほうが一貫して
成績が良く，また意識する・しないにかかわらず，卓立性が高いほ
うが，正答率が高いことが示されました。また文法項目の卓立性が
高いほうが，時間がたっても正答率より高い得点が維持される（む
しろ事後的に上がることもある）ことが示されました。

　つまりこの結果を解釈すると，意識したほうが知識として獲得さ
れやすく，意識しなくても目立つものは知識として獲得されやすい
ということが示唆されます。

　一方で，卓立性の低い項目は「気づき効果」と関係なく無意識的
知識になりにくいことが示されました。無意識的に獲得可能な項目
は限られている（目立ちやすいものしか習得されない）と言えそう
です。ただ，無意識に獲得されにくい規則でも，意識された場合に
意識的知識としては獲得される可能性が示唆されているので，こう
いった言語項目こそ指導が有用な可能性があります。この点は，教
室における第二言語習得研究においてはさらに深く探求されるべき
内容であるといえるでしょう。また，文法規則を全く意識しない場
合でも，卓立性が高い項目の知識は時間が経つと出現する可能性も

---

　[6] どのくらい高ければ偶然とはいえないと判断できるっていうんだい，という
疑問もあるかと思いますが，今回は「統計的仮説検定」の一種を用いています。
一般書でわかりやすく詳細を知りたい方は，向後・冨永（2007）などを読んでみ
てください。

190

示唆されました。これらをまとめたのが表 2 です。

表 2. 学習者の意識・卓立性・得られる知識の特徴の関係

学習時の意識	意識あり	意識あり	意識なし	意識なし
卓立性	卓立性高い	卓立性低い	卓立性高い	卓立性低い
知識の特徴	意識的知識も無意識的知識も得られやすい	意識的知識は得られやすいが、無意識的知識に関しては卓立性の高いものより得られにくい	意識的知識は得られにくいが、時間が経つにつれて無意識的知識が得られる	意識的知識も無意識的知識も得られづらい

　ここで最も興味深いのは，規則が意識された場合，意識的知識だけではなく，無意識的知識も得られやすいということが示唆されたことです。注意こそが学習の必要条件であり，アウェアネスはその効果を促進するだけだとする主張は以前紹介しましたが (Tomlin and Villa (1994))，この主張に則って結果を解釈すると，「なんであんなに意識して勉強したのに一向に使えるようにならない言語項目があるのか」という疑問へのヒントが示せそうです。つまり，卓立性の低い項目は，いったん意識されても，その後のインプットで無意識的な処理が働かない可能性があります（処理しなくても理解できる，というのが卓立性の低い項目の特徴だということを思い出してください）。一方で卓立性の高い項目は，いったん意識されたら，言語が入ってこれば無意識に何度も処理され，無意識的知識としての習得が促される可能性があります（処理されなければ適切に意味を理解することが難しいからです）。つまり，無意識的な注意が学

習の必要条件であり，そのような注意が自然に向かないような言語規則を意識しても，無意識的知識として習得はされないのかもしれない，という仮説が生まれます。これはこの実験のみで十分に実証できるものではなく，まだ本結果と先行研究を考慮した推測にすぎませんが，今後も研究によって明らかにする価値のある仮説だと思います。

これまでの「アウェアネスのない学習」論争における研究では，言語項目による習得のされにくさに関しては，たとえば自然言語の規則として存在しないような規則（中国語の漢字の画数の多さによる形態素の変化など）は無意識的に習得がされにくいことが示されてきた程度でした。そのような規則は言語規則として存在する必然性がなく，もちろん処理されなくても意味理解が可能なため，そもそも卓立性が低いといえるでしょう。

この結果が示唆するもう一つの重要なことは，直後テストにおいて「無意識的知識としての学習がみられない」と判断されるような結果も，しばらく時間をおいてから行うテスト（遅延テスト）を用いることで，その結果が大きく異なるかもしれないということです。この結果は，特に卓立性の高い項目であれば，無意識的知識がしばらくののちに発現することを示しているからです。したがって，これまでの研究で無意識的学習が起こらないと結論付けられた結果に関しても，もししばらく時間をおいて遅延テストを行っていたら，その結論は変わっていたかもしれません。現実の外国語学習に落とし込んで考えるなら，言語規則を教えてすぐ後に確認テストや何らかのアクティビティでそれが使えるか確認するということを行った際に，教えた知識をすぐ使えないのはある程度仕方のないことだと言えるでしょう。

一点留意しておかなければいけないのは，この結果は「意識」が習得に与えるポジティブな影響が大きいことを示唆していますが，

この結果はあくまで「付随的学習」という条件の中において，学習者が自ら文法規則を意識した際の効果です。外国語を使用する中で，学習者が自ら文法項目の規則を意識できた場合，その「気づき」は強い効果をもつかもしれません。しかしこれは，文法規則を教師が明示的に教授することが強い効果を持つという結論を導くものではないのです。本研究はむしろ，明示的知識が，練習を通して暗示的知識になるという「強いインターフェース」の現象とは逆の結果を出しているとすらいえます。それを顕著に示しているのは，意識的に学んでいない規則に対する知識が現れるということや，最初は何も学んでいないように見えても，時間が経ってから徐々に知識が身についてくるという結果です。

　卓立性と習得困難性の研究はまだ緒に就いたばかりです。もし卓立性の高い項目は指導がなくてもある程度習得されるならば，教師がすべての言語項目を説明する必要があるという従来の教育観に再考を迫ることになるでしょう。このことに加え，明示的指導の効果それ自体や，無意識的学習の優位性などに関してはまた別に，これからさらなる研究が必要です。

　そして，言語項目の卓立性がある言語項目への意識的注意を誘発するのであれば，その卓立性にあらかじめ目星をつけておくことで，実際に言語運用を行う中で自然に行われる項目の習得困難性がある程度わかるかもしれません。言い換えると，言語項目の卓立性に対して理論的に予測可能な枠組みができれば，どんな言語を学習するかにかかわらず，無意識的知識として比較的習得されやすい言語項目，されにくい言語項目を，理論的には予測することができるようになります。

　もちろん，実験環境と実際の言語指導の現場は状況が異なりますので，より実際の実践状況において，然るべき方法で因果関係についての調査を行わなければ，確定的なことは言えません。しかし，

上記のことが明らかになれば，学習者が特に外国語学習において注意すべき文法項目がわかり，また言語指導の際に語学教師が，特に意識的注意を向けさせる必要がある言語項目と，ある程度使っている中で学習できるという言語項目を導き出すこともできるようになります。そして，文法指導 vs. 実際の使用といったような，一見，二項対立に見える問いに答えるためのヒントを与えることができるようになるかもしれません。

5.6. これまでにわかっていることとその示唆

これまでの「アウェアネスの伴わない学習」論争で行われてきた研究が明らかにしてきたことは，主に意識の「機能」にかかわるものです。その結果は多岐にわたりますが，概略は以下のようにまとめられます。

- かなり低次のアウェアネスでも習得可能な規則がある
- 知識自体は，理解可能なインプットにより比較的短時間で形成される
- 意識的知識の発達は早く，無意識的知識の発達は時間がかかる
- 無意識的な学習では，時間がたってから知識が出現することがある
- 無意識的知識は，意識されれば意識的知識になる（意識的知識が無意識化するかどうかは議論がある）
- 学習者が言語形式を意識した場合，規則の習得が促される（明示的に教授した際に同じ結果になるかは不明）
- 目立つ文法項目は，意識しなくても習得されやすい
- 目立たない文法項目は，無意識的には習得されにくい

（福田 (2017a) を改変）

人工言語実験が示すように，かなり短期間でも学習者は何らかの知識を得ることができます。ただし大事なのは，どのような知識を得たかによって，その発達のスピードは大きく異なるということです。基本的に，意識的な知識は教えれば相対的に早く身につきますし，テストの点に短期間で反映されるでしょう。しかし実際の言語運用で多く使われると考えられる無意識的な知識は，その出現は早くても，発達が非常に遅いことがわかっています。つまり，無意識的な知識が生じることと，それがすぐに実用に耐えるレベルで使いこなせるかどうかはまた別ということです。よく言われるように，言語運用を念頭に置いた外国語能力を育てるにあたって短期的な効果だけを期待せず，忍耐強く学習を継続する必要があるということは，このような説明からも明らかです。教えてもできない生徒に，なんでこんなこともできないんだ！よく注意して間違えないようにしろ！などと責め立てる先生はたまにいるわけですが，ここまでに紹介した研究を見ると，ずいぶんと無理を言っているように思えてきます。

また明示的に規則を教えると意識的知識は比較的早く身につく一方で，どれだけわかりやすく教えてたくさん練習をしたとしても，無意識的知識が身につくとは限りません。一方で，何の指導もなく自然に言語を聞き流しているだけでは，目立たない規則に関する知識は一向に身につかない可能性もあります。全部規則を覚えて練習することで全部できるようになるというわけではなく，かといって全然規則が提示されない状態では身に付かないものもあるということです。効果と効率を考えるなら，「どのような規則」を「どのタイミングで」意識的に学ぶべきか，という点を考えながら学習を行う必要があるでしょう。

そしてとても大事なことですが，私たちは知らずに使っている規則も，簡単な規則であれば一度説明されたら，「あ，そうなのか」

第5章　意識研究と第二言語研究をつなぐ　　195

とすぐに説明できるようになります。つまり，無意識的知識は，いったん意識されたらすぐ意識的知識になるといえます。しかし，意識的知識は簡単には無意識的知識にはなりません。しばしば，第一言語と学習対象の言語の構造を比較するなどして，文法を意識的に学ぶことで言語を分析的に見ることのできる能力を育むことが強調されているのを目にしますが，これらの結果から言語運用という観点で見ると，それは必ずしも学習の最初期で行わなくてもいいのではないかとも思います。[7]

　さて，ここまでさまざまな分野で行われている研究を統合し，外国語学習の中に潜む意識と無意識を見てきました。外国語はどのように学ばれるか，また外国語は意識にどのように映るか・影響を与えるかなどに関して，さまざまな示唆が得られたように思います。次章からは，ここまでに得られた知見にもとづき，外国語学習はどのようなものかという問いを，意識という観点から改めて覗いてみようと思います。

---

[7] もちろん，このようなことが知的に面白いと感じる学習者もいますし，そのような実践を通して「外国語学習の面白さ」を示すことのできる先生もいるでしょうから，断じてそんなことはするべきではない，とは言えません。何事も目的と対象によります。

終　章

外国語を学ぶとはどのようなことか

これまでの章では，言語習得における意識の役割について，さまざまな分野を概観する中で考察を深めてきました。本章では，もう一度，第二言語習得研究の明らかにしてきたことと，意識・無意識の研究が示してきたことをふりかえって，外国語学習の特徴について考えてみたいと思います。

　第三章でふれたように，第二言語習得が示してきたことは，外国語学習は「知識量を増やす」，「練習して使えるようにする」，といった単純なものではないということでした。学習者は教えられたとおりに学んでいくわけではなく，学習は問題集を解いた量や単語帳を周回した数に比例して直線的に成果が出るものでもありません。また第二言語習得研究はたくさん言語に触れる経験を重視しますが，そこで求められているのは，教科書や問題集の長文読解などを繰り返したくさん行うという経験ではありません。学習者はいつでも自分の「いま，ここ」から出発し，主体的に読み聞きする長期間の言語理解や，豊かな相互交流を通して得られるもの——言語の構造や意味，談話，音声，それにとどまらずコミュニケーションが生じたときの詳細なコンテクスト情報といった複合的・多面的かつ膨大なあらゆる情報——を必要とします。そして外国語学習は，学習者自身が持つ内的なシラバスに従って発達するプロセスであって，教師からの働きかけなどはその内的なシラバスに呼応して自然な発達を促すためのものと多くの第二言語習得研究者は考えます。

　上記のことを踏まえたうえで，本書の主たる焦点であった意識という観点からは新たにどのような特徴が浮かび上がってくるでしょうか。

　まず意識の機能という観点から考えてみましょう。第1章で示したように，従来，人間のほとんどの活動は無意識に行われてお

終章　外国語を学ぶとはどのようなことか　　199

り，活動に応じて適宜一部の処理が意識化されます。それは外国語の使用とて例外ではありません。無意識的な知識や行動，そして無意識的な学習は不可能ではなく，このことから少なくとも意識的に学ばなければ外国語学習は絶対に無理という主張は強固な根拠を持たないことがわかりますし，常に意識的な作業が先行した活動が外国語学習の「正解」といえるわけではないことが理解できるはずです。意識的な焦点が当たることで学習は促進されるようですが，少なくとも，意識的に得たものを機械的に繰り返すことで，いつでも無意識的な知識が得られるというわけではないようです。

　また意識内容の側面に関わりますが，言語表現と，それが言い表す現実世界は直接的な関係にあるわけではなく，その間には人の認識が媒介します。そのため言語によって世界の認識の仕方はさまざまで，またそのために，一つの事象の言い表し方にも多様性があるのです。したがって，物事の捉え方が全く異なることによりさまざまな誤解が生じたり，意図が正確に把握しづらかったりすることもあります。ある物事に対して似たような認識をしていても，それが第一言語で文法的に表されないこともあり，それが故に，時には対象言語のネイティブ・スピーカーのように言語規則を操ることが極めて困難になることもあります。しかしそれは，ネイティブ・スピーカーからみて学習者が欠陥を持つ存在であるということを含意しません。[1] 第一言語とは異なる言語体系を学んだ外国語学習者は，初級の段階であっても第一言語のみを通して世界を見ている人たちとは異なり，複数の視点またはそれらが融合した全く異なる視点を

---

　[1] 加えて，そもそも卓立性の話でみたように，外国語学習者はコミュニケーションに必要な機能を持つ言語項目であれば無意識でも習得することができます。「ネイティブ・スピーカーのように正確に言語を操ることができるかどうか」という点は，言語の機能的な側面からみると本質ではないとも言えます。

持ちます。言語，およびその表現は，そういった世界認識と深くかかわるものです。この観点から言って，外国語学習は，その対象言語のネイティブ・スピーカーと呼ばれる人たちと同じ認識や言語表現を追いかけて体得するプロセスではあり得ず，外国語学習は複数の言語の持つ世界の見方・考え方から，独自の体系を創出していくプロセスであると言えます。

　また，私たちは言語の規則や表現を覚え，入力された情報をそのまま関数として表象し，それを元に行動をアウトプットするようにはできていない可能性を示唆しました（pp. 54-58, pp. 58-66）。外国語学習に関して，知識を静的かつ客観的に捉えるのではなく，どのような情報をどのように処理し，どのように学習されたかに応じて，得られる知識が動的に変化を繰り返すような仕組みを仮定するならば，たとえ学習行動自体がインプットを取り入れて処理することだったとしても，我々が外国語を学ぶというプロセス，およびその結果得られる知識は，外部から観察してすべてを分析することが叶わないほど複雑なものを想定する必要があります。それは，外部から完成されたものとして与えられる知識（およびこれまでに記述されてきた言語体系の明示的な指導）とは比較にならないほど複雑なものです。加えて，規則を教授しそれをトップダウンに活用させるような心の働きを仮定すると，自身が学んだことから外れるような現実場面に対応できなくなる可能性も指摘されていると述べました（pp. 57-58）。これは単にシミュレーション上の問題ではなく，人間が社会とかかわる際の問題点としても指摘されてきているものです。

　ここまで述べてきたように，私たちは身体を媒介にして，環境に働きかけ，さまざまな情報に触れ，そのような経験を通して世界を各々さまざまな見方で切り取り，意味付けすることで言語の学習を進めていきます。外国語学習は冒頭で述べたように，すでに知って

終章　外国語を学ぶとはどのようなことか　　201

いる意味と，その第二言語形式とのつながりを粛々と覚えていくだけの作業ではなく，その目標となる言語の意味世界とその認識の仕方・切り取り方を学び，自身の持つ認識，そして言語体系を相互作用の中で変容させながら，新たな体系を作り出す創造的なプロセスです。そのように複雑な学習の結果として得られた個々人にユニークな認識・知識を元にして，さまざまな表現形式を使い分けることで，私たちは初めて言語を表出します。そして学習者は同時に使用者として，多くの認識の枠組みを得て自身の認識のしかたを相対化することを求められます（pp. 83-103）。これは，認識の異なる他者——つまり自身とは異質な存在——を承認するために，今後ますます重要になってくる考え方でしょう。これらすべてを考慮すると，世界の主体的な経験を欠いた外国語学習は，どのような発達段階にあっても本質的に不可能であると結論付けられます。

　これらが，ここまでに行ってきた論考から導かれる「外国語学習とはどのようなものか」という疑問への本書からのひとまずの回答です。

　本書では全体を通して，「意識」という，誰もが知っているようでいざ聞かれるとうまく説明できないようなテーマを導入し，外国語を学習・使用するとはどういうことかという，だれもが一家言持つような内容を考察してきました。その過程で想像以上の「意識」の複雑さ，そしてこれまで「意識もしていなかった」ようなものが少しでも見えてきたのではないでしょうか。やや抽象的で難しい部分もあったかもしれませんが，少しでも知的に興味深いと思ってもらえる部分があれば幸いと思います。仮にこのような考えを全く持たずに学習をしてきた方も，新たな意識をもって言語を通じてこの豊かな外国語の世界にもう一度足を踏み入れたとき，きっと外国語学習というのは，極めて刺激に満ちた営みであることが実感できるはずです。

あ と が き

　私が名古屋市内の日当たりの悪い研究室の一角でヒィヒィと情け
なくあえぎながら博士論文を執筆しているころ，母が肝炎にかかっ
たという連絡を受けました。肝炎は劇症化すると手が付けられなく
なり，死に至るのを待つのみになるらしく，当時看護師であった妹
に血液検査の結果を聞くと，どうもあまり状態はよくないとのこと
でした。

　その時に，ああ，母は私が何をやっているのか全くわからないま
ま死にゆくのかと思い，その時にふとこの本の着想を得ました（大
変なときに申し訳ないとは思うが，思いついてしまったものは仕方
がない）。私の大学院生時代の研究は実験心理学的アプローチのも
のが多く，英文を読み，単語を認識する際のコンマ数秒の遅れを計
測するといった傍から見たら何をやっているのかわからないような
ことなどをやっていました。実際はそんな「コンマ数秒の遅れ」そ
のものに興奮を覚えていたわけではなく，その背景に描かれる広大
な世界を明らかにしたくてそういう現象を観察していたつもりです
が，自分がどういう見取り図を描いていて，それがどのように興味
深く，探求する価値のあるものなのかということを語る機会はそう
多くはありません。パッと見はわからないけれども，面白い，意味
のあることを探求していると考えるのならば，それを「うちうち」
のものにしておくのではなく，その興味深さをできるだけ多くの人
に伝える本を書いてみよう——そのような理念で，またせめて自分
のやってきたことの暫定的な集大成を母に見せたいなどと思い，博
士論文執筆中だというのに，並行してこの本を書き始めることにな
りました。ちなみに母は今でもピンピンしていて，いまだ帰郷する

203

たびに小言の嵐です。

　本書執筆にあたっては専門用語には説明をつけ，平易な言い回しを心がけたつもりなので，読書家の母なら理解してくれるだろうという期待を抱いてこの本を贈ろうと思います。ここまで読まないかもしれませんが。

　本書は，私が 2016 年に名古屋大学大学院国際開発研究科に提出した博士論文『付随的学習中のアウェアネスが意識的・無意識的知識の習得に与える影響：形式―意味の繋がりにおける卓立性の観点から』をベースにしつつ，同時に博士論文以外に着手していた研究の知見も加えながら，大幅な書き直しを加えています。切り口が大きく異なるため文言に大きな重複はないはずですが，念のためここに記しておきます。本書では博論のメインであった実験そのものはあくまで引用としての言及にとどめています。本書は意識という観点から「外国語の学習・教育とはどのようなものか」というやや哲学的な色彩を帯びた問いを取り出し，その問いに迫ることを主たるテーマとして扱っており，その点で博士論文とはテイストが大きく異なるものといえます。たとえば言語とは，教育とはどのような営みかという問いは哲学の分野でさまざまに議論されてきていますが，外国語を対象にして，さらに意識という観点からそのような問いを扱うというのは本書の多少ユニークな点だったのではないかと思います。私が暫定的に出した答えがどの程度妥当か，またそれがどの程度興味深いものであったかは今後の読者の批判や意見を仰ぎたいと思います。

　本書執筆にあたっては，さまざまな方々から多くのサポートを頂きました。日常的には私は実に多くの人に恵まれており，自身に大したスペックが備わっていないにもかかわらずその強運だけでここまできたため，お世話になっている方の名前を挙げていくと紙幅が足りなくなってしまうのですが，ここでは直接的に本書に関わって

くださった方のお名前を挙げたいと思います。まず，私が何か書くたびに最初に原稿を読んでくれ，いつも多くの有益なコメントをくれる関西大学の田村祐先生。彼は私が最も信頼している研究上の相棒みたいな存在ですが，本稿にも参考になるコメントをたくさんいただきました。ウエスタン大学の柳沢明文さんには，初稿をお読みいただき，実に多くのコメントを頂きました。また，気がついたらロンドンオリンピック陸上日本代表になってしまっていた高校時代の同級生の中野弘幸さんには，本書に関するやりとりの中で身体トレーニングと語学学習との類似点や相違点を考えるきっかけを頂き，それを私なりに解釈したものが少なからず反映されています。そのほかにも，日頃から研究コミュニティの内外でお世話になっている皆様に心から感謝したいと思います。しかし言うまでもなく，本書が含む誤りはすべて筆者の責任です。また，近年その過酷な労働状況で話題になっている中学校の教育現場に身を置きながら，私の身体を気遣い，論文の査読などに落ちたらなぐさめてくれ，通ったら自分のことのように喜んでくれる妻の朱莉にも感謝したいと思います。

　本書執筆の目的であった，この研究がどのように知的に興味深く探求する価値のあるものなのかということを読者の方々に伝えるということが，少しでも達成できていれば幸いです。また本書が，このような研究分野に興味を持ってくださる若い方々にも届き，当研究分野の発展に少しでも寄与できたらと願いつつ，本書を上梓したいと思います。

2018 年 3 月吉日

　　　　　　　　静岡県駿河区ののどかな山の上にある研究室にて

　　　　　　　　　　　　　福田　純也

引 用 文 献

Athanasopoulos, P. and C. Kasai (2008) "Language and Thought in Bilinguals: The Case of Grammatical Number and Nonverbal Classification Preferences," *Applied Psycholinguistics* 29, 105-123.

Baars, B. J. (1988) *A Cognitive Theory of Consciousness*, Cambridge University Press, Cambridge.

Baars, B. J. (1997) *In the Theater of Consciousness*, Oxford University Press, Oxford.

Bachmann, T. (2006) "A Single Metatheoretical Framework for a Number of Conscious-vision Phenomena," *Psychological Science around the World*, ed. by Q. Jing, 229-242, Psychology Press, Sussex.

Bell, P. K. (2017) "Explicit and Implicit Learning: Exploring Their Simultaneity and Immediate Effectiveness," *Applied Linguistics* 31, 297-317.

Bialystok, E. (1979) "Explicit and Implicit Judgments of L2 Grammaticality," *Language learning* 29, 81-103.

Block, N. (1995) On a confusion about a function of consciousness. *Behavioral and Brain Sciences* 18, 227-287.

Boas, F. (1966) *Introduction to Handbook of American Indian Languages*, University of Nebraska Press.

Bylund, E. and P. Athanasopoulos (2017) "The Whorfian Time Warp: Representing Duration through the Language Hourglass," *Journal of Experimental Psychology: General* 146, 911-916.

Casenhiser, D. and A. E. Goldberg (2005) "Fast Mapping between a Phrasal Form and Meaning," *Developmental Science* 8, 500-508.

Chalmers, D. (1996) *The Conscious Mind: In Search of a Fundamental Theory*, Oxford University Press, Oxford.

Churchland, P. (1996) *The Engine of Reason, The Seat of the Soul: A Philosophical Journey into the Brain*, MIT Press, Cambridge, MA. [信原幸弘・宮島昭二（訳）（1997）『認知哲学——脳科学から心の哲学へ』産業図書，東京.]

Clahsen, H. and C. Felser (2006) "Grammatical Processing of Language Learners," *Applied Psycholinguistics* 27, 3–42.

Cook, V. (2008). *Second Language Learning and Language Teaching*, Arnold, London.

Cook, V. J., B. Bassetti, C. Kasai, M. Sasaki and J. A. Takahashi (2006) "Do Bilinguals Have Different Concepts? The Case of Shape and Material in Japanese L2 Users of English," *International Journal of Bilingualism* 10, 137–152.

Crick, F. and C. Koch (2003) "A Framework for Consciousness," *Nature Neuroscience* 6, 119–126.

Dehaene, S., J. P. Changeux, L. Naccache, J. Sackur and C. Sergent (2006) "Conscious, Preconscious, and Subliminal Processing: A Testable Taxonomy," *Trends in Cognitive Sciences* 10, 204–211.

DeKeyser, R. (1998) "Beyond Focus on Form: Cognitive Perspectives on Learning and Practicing Second Language Grammar," *Focus on Form in Classroom Language Acquisition*, ed. by C. Doughty and J. Williams, 42–63, Cambridge University Press, New York.

DeKeyser, R. (2005) "What Makes Learning Second-Language Grammar Difficult? A Review of Issues," *Language Learning* 55, 1–25.

DeKeyser, R. (2015) "Skill Acquisition Theory," *Theories in Second Language Acquisition. An Introduction*, ed. by B. VanPatten and J. Williams, 94–112, Routledge, London.

DeKeyser, R., I. Alfi-Shabtay, D. Ravid and M. Shi (2017) "The Role of Salience in the Acquisition of Hebrew as a Second Language," *Salience in Second Language Acquisition*, ed. by S. M. Gass, P. Spinner and J. Behney, Routledge, London.

Dennett, D. (1984) "Cognitive Wheels: The Frame Problem of AI," *The Philosophy of Artificial Intelligence*, ed. by Margaret A. Boden, 147–170, Oxford University Press, Oxford.

Dennett, D. (1991) *Consciousness Explained*, Back Bay Books.［山口泰司（訳）（1998）『解明される意識』青土社，東京。］

Deutsch, L. J. and D. Deutsch (1963) "Attention: Some Theoretical Considerations," *Psychological Review* 70, 80–90.

Deutscher (2010) *Through the Language Glass: Why the World Looks Different in Other Languages*.［椋田直子（訳）（2012）『言語が違えば，

世界も違って見えるわけ』インターシフト，東京.〕

Dienes, Z., G. Altmann, S-J Gao and Goode (1995) "The Transfer of Implicit Knowledge across Domains," *Language and Cognitive Processes* 10, 363–367.

Dienes, Z. and R. Scott (2005) "Measuring Unconscious Knowledge: Distinguishing Structural Knowledge and Judgment Knowledge," *Psychological Research* 69, 338–351.

Dixon, R. M. W. (2005) *A Semantic Approach to English Grammar*, Oxford University Press, Oxford.

Edelman, G. (2004) *Wider than the Sky*, Yale University Press, New York.

Elder, C. and R. Ellis (2009) "Implicit and Explicit Knowledge of an L2 and Language Proficiency," *Implicit and Explicit Knowledge in Second Language Learning, Testing and Teaching*, ed. by R. Ellis, S. Loewen, C. Elder, R. Erlam, J. Philp and H. Reinders, 167–193, Multilingual Matters, Bristol.

Ellis, N. C. (2007) "The Weak-Interface, Consciousness, and Form-focussed Instruction: Mind the Doors," *Form Focused Instruction and Teacher Education: Studies in Honour of Rod Ellis*, ed. by S. Fotos and H. Nassaji, 17–33, Oxford University Press, Oxford.

Ellis, N. C. and N. Sagarra (2010) "Learned Attention Effects in L2 Temporal Reference: The First Hour and the Next Eight Semesters," *Language Learning* 60, 85–108.

Ellis, N. C. and N. Sagarra (2011) "Blocking and Learned Attention in Language Acquisition: A Replication and Generalization Study," *Studies in Second Language Acquisition* 33, 589–624.

Ellis, R. (1985) "Sources of Variability in Interlanguage," *Applied Linguistics* 6, 118–131.

Ellis, R. (2005) "Measuring Implicit and Explicit Knowledge of a Second Language: A Psychometric Study," *Studies in Second Language Acquisition* 27, 141–172.

Ellis, R., S. Loewen, C. Elder, R. Erlam, J. Philp and H. Reinders (2009) *Implicit and Explicit Knowledge in Second Language Learning, Testing and Teaching*, Multilingual Matters, Bristol.

Elman, J. L. (1993) "Learning and Development in Neural Networks:

The Importance of Starting Small," *Cognition* 48(1), 71-99.

藤原康弘 (2014)『国際英語としての「日本英語」のコーパス研究：日本の英語教育の目標』ひつじ書房，東京．

Faretta-Stutenberg M. and K. Morgan-Short (2011) "Learning without Awareness Reconsidered: A Replication of Williams (2005)," *Selected Proceedings of the 2010 Second Language Research Forum*, ed. by G. Granena et al., 18-28.

Fukuta, J. (2016) "Potential Methodological Biases in Research on Learning without Awareness," *Applied Linguistics* 31(1), 121-127.

福田純也 (2016)『付随的学習中のアウェアネスが意識的・無意識的知識の習得に与える影響： 形式—意味の繋がりにおける卓立性の観点から』博士論文，名古屋大学大学院国際開発研究科．

福田純也 (2017a)「タスク・ベースの言語指導と認知のメカニズム—第二言語の学習を促す心理的要因」『タスク・ベースの英語指導—TBLT の理解と実践』，松村昌紀 (編)，大修館書店，東京．

福田純也 (2017b)「タスク・ベースの言語指導と教育思想—社会における教育としての TBLT」『タスク・ベースの英語指導—TBLT の理解と実践』，松村昌紀 (編)，大修館書店，東京．

Fukuta, J., A. Goto, Y. Kawaguchi, A. Kurita and D. Murota (2017) "Syntactically-driven Algorithmic Processing of PP-attachment Ambiguity in a Second Language," *IRAL—International Review of Applied Linguistics* 55, Advanced Online Publication.

Fukuta, J. and K. Kusanagi (2015) "Automatization of Japanese EFL Learners' Writing Skill: A Corpus Study with Focus on Subjective Difficulty Rating," *International Journal of Curriculum Development and Practice* 17, 39-50.

Gass, S., I. Svetics and S. Lemelin (2003) "Differential Effects of Attention," *Language Learning* 53(3), 497-546.

Goldschneider, J. M. and R. M. DeKeyser (2001) "Explaining the "Natural Order of L2 Morpheme Acquisition" in English: A Meta-analysis of Multiple Determinants," *Language Learning* 51, 1-50.

Hama, M. and R. P. Leow (2010) "Learning without Awareness Revisited: Extending Williams (2005)," *Studies in Second Language Acquisition* 32, 465-491.

濱田英人 (2016)『認知と言語：日本語の世界・英語の世界』(開拓社 言語・

文化選書62)，開拓社，東京.

Hamrick, P. (2008) *Development of Conscious Knowledge during Early Incidental Learning of L2 Syntax*, Doctoral dissertation, Georgetown University.

Harada, T. (2007) "The Production of Voice Oncet Time (VOT) by English-speaking Children in Japanese Immersion Program," *IRAL—International Review of Applied Linguistics* 45, 353–378.

Hulstijn, J. H. (2003) "Incidental Learning and Intentional Learning," *Handbook of Second Language Acquisition*, ed. by C. Doughty and M. Long, 349–381, Blackwell, Oxford.

Isemonger, I. M. (2007) "Operational Definitions of Explicit and Implicit Knowledge: Response to R. Ellis (2005) and Some Recommendations for Future Research in this Area," *Studies in Second Language Acquisition* 29, 101–118.

和泉伸一（2009）『「フォーカス・オン・フォーム」を取り入れた新しい英語教育』大修館書店，東京.

今井むつみ（1993）「外国語学習者の語彙学習における問題点：言葉の意味表象の見地から」『教育心理学研究』41号，245–253.

Imai, M. and D. Gentner (1997) "A Crosslinguistic Study on Constraints on Early Word Meaning: Linguistic Influence vs. Universal Ontology," *Cognition* 62, 169–200.

稲垣俊史（2009）「中国語を母語とする上級日本語学習者による目的を表す「ために」と「ように」の習得」『日本語教育』第142号，44–54.

Inagaki, S. (2014) "Syntax-semantics Mappings as a Source of Difficulty in Japanese Speakers' Acquisition of the Mass-count Distinction in English," *Bilingualism: Language and Cognition* 17, 464–477.

Jourdenais, R. (2001) "Cognition, Instruction and Protocol Analysis," *Cognition and Second Language Instruction*, ed. by P. Robinson, 354–376, Cambridge University Press, Cambridge.

Kintsch, W. (1998) *Comprehension: A Paradigm for Cognition*, Cambridge University Press, Cambridge.

Kobayashi, H. (1997) "How 2-year-old Children Learn Novel Part Names of Unfamiliar Objects," *Cognition* 68, B41–51.

小林晴美・佐々木正人（2008）『新・子どもたちの言語獲得』大修館書店，東京.

向後千春・冨永敦子 (2007)『統計学がわかる：ハンバーガーショップでむりなく学ぶ，やさしく楽しい統計学』技術評論社，東京.

Krashen, S. D. (1982) *Principles and Practice in Second Language Acquisition*, Pergamon Press, Fairview Park.

Krashen, S. D. (1985) *The Input Hypothesis: Issues and Implications*, Longman, New York.

久保田竜子 (2015)『グローバル化社会と言語教育：クリティカルな視点から』くろしお出版，東京.

Kusanagi, K. (2013) "Measuring Japanese EFL Learners' Implicit Knowledge of Semantic Constraints: A Case of English Prenominal Adjective Orders," *Proceedings of the 39th Annual Conference of the Japan Society of English Language Education*, 306-307.

Lachs, L., K. McMichael and D. B. Pisoni (2000) "Speech Perception and implicit Memory: Evidence for Detailed Encoding of Phonetic Events," *Research on Spoken Language Processing: Progress Report*, No. 24, 149-167, Indiana University.

Lakoff, G. and M. Johnson (1999) *Philosophy in the Flesh: The Embodied Mind and Its Challenge to Western Thought*, University of Chicago Press, Chicago.

Langacker, R. W. (1991) *Foundations of Cognitive Grammar, Vol. 2. Descriptive Application*, Stanford University Press, Stanford.

Langacker, R. W. (2008) *Cognitive Grammar: A Basic Introduction*, Oxford University Press, New York.

ラネカー，R. W. (2011)「概念化・記号化・文法」『認知・機能言語学——言語構造への 10 のアプローチ』，マイケル・トマセロ（編），大堀壽夫・秋田喜美・古賀裕章・山泉実（訳），25-76，研究社，東京.

Lantolf, J. P., and S. L. Thorne (2006) *Sociocultural Theory and the Genesis of Second Language Development*, Oxford University Press, New York.

Long, M. H. (1991) "Focus on Form: A Design Feature in Language Teaching Methodology," *Foreign Language Research in Crosscultural Perspective*, ed. by K. deBot, C. Kramsch and R. Ginsberg, 30-52, John Benjamins, Amsterdam.

Long, M. (2015) *Second Language Acquisition and Task-based Language Teaching*, Wiley Blackwell, Chichester.

Leow, R. P. (1997) "Attention, Awareness, and Foreign Language Behavior," *Language Learning* 47, 467–506.

Leow, R. P. (2000) "A Study of the Role of Awareness in Foreign Language Behavior: Aware vs. Unaware Learners," *Studies in Second Language Acquisition* 22, 577–584.

Leow, R. P. and M. Hama (2013) "Implicit Learning in SLA and the Issue of Internal Validity: A Response to Leung and Williams' 'The Implicit Learning of Mappings between Forms and Contextually Derived Meanings,'" *Studies in Second Language Acquisition* 35, 545–557.

Leung, J. H. C. and J. N. Williams (2011) "The Implicit Learning of Mappings between Forms and Contextually Derived Meanings," *Studies in Second Language Acquisition* 33, 33–55.

Leung, J. H. C. and J. N. Williams (2012) "Constraints on Implicit Learning of Grammatical Form-meaning Connections," *Language Learning* 62, 634–662.

Leung, J. H. C. and J. N. Williams (2015) "Crosslinguistic Differences in Implicit Language Learning," *Studies in Second Language Acquisition*, Advanced Online Publication. doi:10.1017/S02722 63114000333

Levinson, S. C. (1996) "Relativity in Special Conception and Description," *Rethinking Linguistic Relativity*, ed. by J. Gumperz and S. Levinson, Cambridge University Press, Cambridge.

Lim, J. H. and K. Christianson (2013) "Integrating Meaning and Structure in L1–L2 and L2–L1 Translations," *Second Language Research* 29, 233–256. doi:10.1177/0267658312462019

Luk, Z. P. and Y. Shirai (2009) "Is the Acquisition Order of Grammatical Morphemes Inpervious to L1 Knowledge? Evidence from the Acquisition of Plural -s, Articles, and Possessive's," *Language Learning* 59, 721–931.

マルクス、K.・F. エンゲルス、廣松渉（訳）（1845–1846/2002）『ドイツ・イデオロギー』岩波書店，東京.

Malt, B. C. (1995) "Category Coherence in Cross-cultural Perspective," *Cognitive Psychology* 29, 85–148.

Mandler, J. (1992) "How to Build a Baby: II. Conceptual Primitives," *Psychological Review* 99, 587–604.

松村昌紀（2012）『タスクを活用した英語授業のデザイン』大修館書店，東

京.

松村昌紀（2017）「言語・言語発達・言語使用の考え方と言語教育」『タスク・ベースの英語指導——TBLT の理解と実践』，松村昌紀（編），225-234，大修館書店，東京.

マッスィミーニ，M.・G. トノーニ，花本知子（訳）（2013/2015）『意識はいつ生まれるのか』亜希書房，東京.

McLaughlin, B. (1987) *Theories of Second-Language Learning*, Arnold, London.

Morgan-Short, K., I. Finger, S. Grey and M. T. Ullman (2012) "Second Language Processing Shows Increased Native-like Neural Responses after Months of No Exposure," PlosOne. doi:10.1371/journal. pone.0032974

Murakami, A. and T. Alexopoulou (2016) "L1 Influence on the Acquisition Order of English Grammatical Morphemes: A Learner Corpus Study," *Studies in Second Language Acquisition* 38(3), 365-401.

Murahata, G. (2010) "Conceptual Preference Modification in Incipient Japanese-English Bilingual Children: The Case of Categorizing Objects on the Basis of "SynThem" and "ParaTax" Relations," *SELES Journal* 30, 55-64.

Naccache, L., E. Blandin and S. Dehaene (2002) "Unconscious Masked Priming Depends on Temporal Attention," *Psychological Science* 13, 416-424.

Negel, T. (1974) "What Is It like to Be a Bat?" *Philosophical Review* 83, 435-450.

Nisbett, R. E. (2003) *The Geography of Thought: How Asians and Westerners Think Differently and Why*, Free Press, New York.

西口光一（2013）『第二言語教育におけるバフチン的視点——第二言語教育学の基盤として——』くろしお出版，東京.

O'Grady, W. (2008) "The Emergentist Program," *Lingua* 118, 447-464.

O'Grady, W., H. Y. Kwak, O. S. Lee and M. Lee (2010) "An Emergentist Perspective on Heritage Language Acquisition," *Studies in Second Language Acquisition* 33, 223-245.

苧阪直行（1998）『意識とは何か』岩波書店，東京.

Osaka, N., ed. (2003) *Neural Basis of Consciousness*, John Benjamin Amsterdam.

Pica, T., R. Young and C. Doughty (1987) "The Impact of Interaction on Comprehension, *TESOL Quarterly* 21, 737-758.

Pica, T. (1994) "Research on Negotiation: What Does It Reveal about Second Language Acquisition?" *Language Learning* 44, 493-527.

Pinker, S. (1994) *The Language Instinct*. [椋田直子 (訳) (1995)『言語を生みだす本能 [上] [下]』日本放送出版協会, 東京.]

Pinker, S. (2007) *The Stuff of Thought: Language as a Window into Human Nature*. [幾島幸子・桜内篤子 (訳) (2009)『思考する言語──「ことばの意味」から人間性に迫る [上] [中] [下]』日本放送出版協会, 東京.]

Plunkett, K. and V. Marchman (1991) "U-shaped Learning and Frequency Effects in a Mult-layered Perceptron: Implications for Child Language Acquisition," *Cognition* 38, 43-102.

Plunkett, K. and V. Marchman (1993) "From Rote Learning to System Building: Acquiring Verb Morphology in Children and Connectionist Nets," *Cognition* 48, 21-69.

Reber, A. S. (1989) "Implicit Learning and Tactic Knowledge," *Journal of Experimental Psychology: General* 118, 219-235.

Rebuschat, P., P. Hamrick, R. Sachs, K. Riestenberg and N. Ziegler (2013) "Implicit and Explicit Knowledge of Form-meaning Connections: Evidence from Subjective Measures of Awareness," *Noticing: L2 studies and Essays in Honor of Richard Schmidt*, ed. by J. Bergsleithner, S. Frota and J. K. Yoshioka, National Foreign Language Resource Center, University of Hawai'i at Manoa, Honolulu, HI.

Rebuschat, P., P. Hamrick, R. Sachs, K. Riestenberg and N. Ziegler (2015) "Triangulating Measures of Awareness: A Contribution to the Debate on Learning without Awareness," *Studies in Second Language Acquisition* 37, 299-334.

Robinson, P. J. (1995) "Attention, Memory, and the "Noticing" Hypothesis," *Language Learning* 45, 283-331.

Rosa, E. and M. D. O'Neill (1999) "Explicitness, Intake, and the Issue of Awareness," *Studies in Second Language Acquisition* 21, 511-556.

Rosenthal, D. M. (1986) "Two Concepts of Consciousness," *Philosophical Studies* 49, 329-359.

Rosenthal, D. M. (2000) "Consciousness, Content, and Metacognitive

Judgments," *Consciousness and Cognition* 9, 203-214.

Rosenthal, D. M. (2005) *Consciousness in Mind*, Oxford University Press, Oxford.

Schachter, S. and J. Singer (1962) "Cognitive, Social, and Physiological Determinants of Emotional State," *Psychological Review* 69, 379-399.

Schmidt, R. W. (1990) "The Role of Consciousness in Second Language Learning," *Applied Linguistics* 11, 129-158.

Schmidt, R. (2001) "Attention," *Cognition and Second Language Instruction*, ed. by P. Robinson, 3-32, Cambridge University Press, New York.

Schmidt, R. and S. Frota (1986) "Developing Basic Conversational Ability in a Second Language: A Case Study of an Adult Learner of Portuguese," *Talking to Learn: Conversation in Second Language Acquisition*, 237-326.

Scott, R. and Z. Dienes (2010) "The Metacognitive Role of Familiarity in Artificial Grammar Learning: Transitions from Unconscious to Conscious Knowledge," *Trends and Prospects in Metacognition Research. Springer*, ed. by A. Efklides and P. Misailidi, 37-62.

Searle, J. R. (1999) *Mind, Language and Society: Philosophy*, Real World Basic Books.

Segalowitz, N. S. (2003) "Automaticity and Second Languages," *The Handbook of Second Language Acquisition*, ed. by C. Doughty and M. H. Long, 382-408, Blackwell, Malden.

白畑知彦・若林茂則・村野井仁 (2010)『詳説第二言語習得研究：理論から研究法まで』研究社，東京.

Slobin, D. I. (2003) Language and Thought Online: Cognitive Consequences of Linguistic Relativity," *Language in Mind: Advances in the Study of Language and Thought*, ed. by D. Gentner and S. Goldin-Meadow, 157-192, MIT Press, Cambridge, MA.

須田孝司 (2011)「初期段階における日本人英語学習者の文処理方略」『言語研究』139 号，133-144.

Suzuki, W. (2012) "Written Languaging, Direct Correction, and Second Language Writing Revision," *Language Learning* 62, 1110-1133.

Suzuki, Y. and R. DeKeyser (2015) "Comparing Elicited Imitation and

Word Monitoring as Measures of Implicit Knowledge," *Language Learning* 65, 860–895.

Tajima, Y. and N. Duffield (2012) "Linguistic versus Cultural Relativity: On Japanese-Chinese Differences in Picture Description and Recall," *Cognitive Linguistics* 23, 675–709.

Tamura, Y., Y. Harada, D. Kato, K. Hara and K. Kusanagi (2016) "Unconscious but Slowly Activated Grammatical Knowledge of Japanese EFL Learners: A Case of Tough Movement," *Annual Review of English Language Education in Japan* 27, 169–184.

Taylor, J. R. (2012) *The Mental Corpus: How Language is Represented in the Mind*, Oxford University Press, Oxford.

辰巳格 (2000)「ニューラル・ネットワーク入門──ネットワークは単語をどう読んでいるのか──」『失語症研究』20 巻，222–233.

辰巳格 (2007)「失語症と失読症の認知神経心理学──その接点──」『高次脳機能研究』26 号，129–140.

Thompson, E. and F. J. Varela (2001) "Radical Empodiment: Neural Dynamics and Consciousness," *Trends in Cognitive Science* 5, 345–381.

Tode, T. (2003) "From Unanalyzed Chunks to Rules: The Learning of the English Copula be by Beginning Japanese Learners of English," *IRAL—International Review of Applied Linguistics in Language Teaching* 41, 23–53.

Tode, T. and H. Sakai (2016) "Examplar-based Instructed Second Language Development and Classroom Experience," *ITL—International Journal of Applied Linguistics* 167 (2), 210–234.

Tomasello, M. (2003) *Constructing a Language: A Usage-Based Theory of Language Acquisition*, Harvard University Press, Cambridge, MA.

Tomasello, M. and J. Todd (1983) "Joint Attention and Lexical Acquisition Style," *First Language* 4, 197–212.

Tomasello, M., S. Mannle and M. Barton (1989) "The Development of Communicative Competence in Twins," Revue *Internationale de Psychologie Sociale* 2, 49–59.

Tomlin, R. and V. Villa (1994) "Attention in Cognitive Science and Second Language Acquisition," *Studies in Second Language Acquisition* 16, 183–203.

Tononi, G. (2004) "An Information Integration Thory of Consciousness,"

BMC Neuroscience 5, 42.

Tsuchiya, N. and C. Koch (2008) "Attention and Consciousness," *Scholarpedia* 3(5), 4173.

Tylor, J. R. (2012) *The Mental Corpus: How Language Is Represented in the Mind*, Oxford University Press, Oxford. [西村義樹ほか（編訳）(2017)『メンタル・コーパス：母語話者の頭の中には何がるのか』くろしお出版，東京.]

Valins, S. (1966) "Cognitive Effects of False Heart-rate Feedback," *Journal of Personality and Social Psychology* 4, 400–408.

van Gelder, T. (1995) "What Might Cognition Be, if Not Computation?" *The Journal of Philosophy* 91, 345–381.

VanPattern, B. (2004) "Input Processing in Second Language Acquisition," *Processing Instruction: Theory, Research, and Commentary*, ed. by B. VanPatten, 5–31, Lawrence Erlbaum Associates, Mahwah, NJ.

VanPatten, B. (2007) "Input Processing in Adult Second Language Acquisition," *Theories in Second Language Acquisition*, ed. by B. VanPatten and J. Williams, 115–135, Laurence Erlbaum, Mahwah, NJ.

ヴィゴツキー，L.，柴田義松（訳）(1934/2001)『思考と言語』新読書社，東京.

Williams, J. N. (2004) "Implicit Learning of Form-meaning Connections," *Form Meaning Connections in Second Language Acquisition*, ed. by J. Williams, B. VanPatten, S. Rott and M. Overstreet, Lawrence Erlbaum, Mahwah, NJ.

Williams, J. N. (2005) "Learning without Awareness," *Studies in Second Language Acquisition* 27, 269–304.

Witzel, J., N. Witzel and J. Nicol (2012) "Deeper than Shallow: Evidence for Structure-based Parsing Biases in Second-language Sentence Processing," *Applied Psycholinguistics* 33, 419–456. doi:10.1017/S0142716411000427

Yamashita, J. and N. Jiang (2010) "L1 Influence on the Acquisition of L2 Collocations: Japanese ESL Users and EFL Learners Acquiring English Collocations," *TESOL Quarterly* 44, 647–668.

山崎匡 (2009)「小脳の計算機構の完全理解とその応用を目指して」『日本神経回路学会誌』16 号 4 巻，190–195.

Yano, Y., M. H. Long and S. Ross (1994) "The Effects of Simplified and

Elaborated Texts on Foreign Language Reading Comprehension," *Language Learning* 44, 189–219.

Ziori, E. and Z. Dienes (2006) "Subjective Measures of Unconscious Knowledge of Concepts," *Mind & Society* 5, 105–122.

索　引

1. 日本語は五十音順に並べ，英語で始まるものは日本語読みした。
2. ～ は直前の見出し語を代用する。
3. 数字はページ数を表す。太字は重点的に扱っているページを示す。

［あ行］

アウェアネス　vi, 15, 20, **23-24**, 26-27, 33, 67-68, 72-73, 75-77, 105-106, 127, 141, 149, 151-152, 155-157, 159-166, 177, 188, 190-191, 193

アウトプット仮説　107, **115-116**

アクセント　3

アルゴリズム処理　183-185

暗示的学習　162-163

暗示的知識　103, **104-107**, 121-128, 130-134, 138, 143-145, 148, 192

域下処理　37

意識
　～と相関する神経活動　38
　～的学習　**6-7**, 76, 125, 148-150, 152, 162
　～的知識　**6-7**, 34, 105, 109, 139, 143-145, 149, 166, 187-190, 193-195
　～の機能　**15-18**, 20-21, 26, 36, 46, 80, 103, 139, 152, 170, 198

　～の広い定義と狭い定義　**15**, 21, 26
　～内容　x, **15-19**, 27, 38, 42, 49-50, 54, 80, 83, 87, 96-97, 99, 103, 199

意図的学習　**150**, 162

意味処理　29, 162-163, 179

インターフェース　**125-130**, 192

インタラクション仮説　107, **117**

インプット仮説　**107-108**, 117, 119, 125, 175

インプット処理理論　**175-176**, 186

オフライン（の測定法）　**156**, 165

音韻的卓立性　172

オンライン（の測定法）　**156**, 164

［か行］

概念意味論　85

カテゴリ分類　53, 62-63, 71, 80-82, 91-92

カルテジアン劇場　30, **35**, 62

科学的概念　47-48

冠詞　5, 9-10, 82, 93, 109, 111, 113,

221

120, 123, 153-154, 157, 159, 172-173

感覚運動的 (sensorimotor) システム　52-53

関数　61-62, 200

観念連合説　28-29, 34

機械学習　59, 64-66

気づき　iv, 33, **74-77**, 130, 150, 152, 157, 189, 192

共同注意　69-71, 81

Good-enough approach　183-184, 186

グローバルワークスペース　**24-26**, 36, 68

形式主義　56, 58-59, 61-62, 65

形態素　**111**, 173, 176, 191

形容詞の語順　4, 9

言語決定論　84-86

言語相対論　**84**, 86-89, 98

言語報告　25, 33-34, 37, 72, 139-140, 163

構造の不明瞭性　173

構造的知識 (structural knowledge)　**141-143**, 164

高階の思考理論　**30-34**, 36, 139-140, 142, 163

コネクショニズム　57, **59-62**, 65-66

[さ行]

再構築 (restructuring)　126

思考表出法 (Think aloud)　**150-151**, 156, 165, 188

社会語用論的アプローチ　70

受動的注意　74, 170

習得困難性　111, 123, 171, 173-177, 186, 192

習得順序　109-110, 112, 117, 173-174

状況モデル　179-180

シンボルグラウンディング問題　29, 63

深層学習　30, 59, 63

身体性認知科学　50

人工文法　138-139, 141, 143-146, 148-149, 153, 163-164, 170

推測基準 (guessing criterion)　140

生活概念　47-48

生理的データ　39

精神物理的卓立性　170-171

ゼロ相関基準 (zero-correlation criterion)　140

宣言的知識　126-128

浅薄構造仮説 (Shallow-structure hypothesis)　181-184

前意識的処理　37

前頭皮質　37

創発主義　66, 171, 173

[た行]

卓立した連想関係　171

卓立性　111, **170-177**, 186-187, 189-192, 199

逐語的記憶　178-179

テスト・バッテリー　105, **122-124**

手続き的知識　126-129

統語的（文法）規則　181-182
統合-構築モデル　178
統合情報理論　39
頭頂皮質　37
トップダウン処理　178

［な行］

内的シラバス　**112**, 119
認知言語学　51, 53, 70, 80-81, 83, 90
ニューラルネットワーク　**59-61**, 63-64, 66
能動的注意　72, 74

［は行］

パターンプラクティス　129
パターン認識　63
発達の最近接領域　47-48
話すための思考　89-90, 98
判断知識（judgment knowledge）　141-143, 148
半人工言語　152-154, 157-158, 161-162, 170, 187
表象　**27-32**, 34, 45, 62-63, 97-98, 101, 139, 145, 164, 178-181, 185-186, 200
ヒューリスティック処理　**183**, 185
頻度　5, 112-114, 132, 147, 172-173
付随的学習　**150-151**, 153, 162-163, 192, 204
複数形　10, 29, 93-94, 103, 109,

111, 123, 130-132, 182
フレーム問題　**54**, 56-58
分散表象　30, **62**
文化-歴史的発達理論　47
文法性判断課題　**122**, 124, 164, 188
文脈と意外性　171
ヘッブの法則　59
弁証法的唯物論　46
ボトムアップ処理　178
ホムンクルス　30, **34-35**, 62

［ま行］

無意識
　〜的学習　**6**-7, 76, 125, 149-150, 152-153, 157-158, 161-164, 187, 191-192
　〜的知識　**6**-7, 34, 105-106, 109, 139, 141-145, 148, 149, 164, 166, 187-195
命題ネットワーク　180
明示的学習　162
明示的知識　103, 104-106, 121-128, 130-134, 138, 143-145, 163, 192
メタファー　52, 53, 80, 102

［や行・ら行・わ行］

用法基盤モデル　66, 81, 83, 112-114
レミニセンス効果　163
ワーキングメモリ　68

福田　純也　（ふくた　じゅんや）

　1988 年，宮城県生まれ，愛知県育ち。2016 年，名古屋大学大学院国際開発研究科博士後期課程修了。博士（学術）。日本学術振興会特別研究員（DC1），静岡県立大学言語コミュニケーション研究センター特任助教，静岡大学教育学部特任助教を経て，現在，中央大学理工学部准教授。専門は応用言語学，言語の認知科学（特に第二言語に関する現象）について。2015 年，外国語教育メディア学会新人奨励賞受賞。主な執筆論文は，*Applied Linguistics*，*IRAL—International Review of Applied Linguistics in Language Teaching*，*Journal of Second Language Studies*，*Second Language Research* 等の国際学術誌を筆頭に，多数の学術誌に掲載されている。

外国語学習に潜む意識と無意識　　＜開拓社　言語・文化選書 77＞

| 2018 年 10 月 23 日 | 第 1 版第 1 刷発行 |
| 2024 年 2 月 20 日 | 第 2 刷発行 |

著作者	福 田 純 也
発行者	武 村 哲 司
印刷所	日之出印刷株式会社

| 発行所　　株式会社　開 拓 社 | 〒112-0013 東京都文京区音羽 1-22-16
電話　（03）5395-7101（代表）
振替　00160-8-39587
https://www.kaitakusha.co.jp |

Ⓒ 2018 Junya Fukuta　　　　　　　　　　ISBN978-4-7589-2577-8　C1380

JCOPY ＜出版者著作権管理機構 委託出版物＞

本書の無断複製は著作権法上での例外を除き禁じられています。複製される場合は，そのつど事前に，出版者著作権管理機構（電話 03-5244-5088, FAX 03-5244-5089, e-mail: info@jcopy.or.jp）の許諾を受けてください。